KB129133

Content and Method of
Global Studies Education

글로벌 교육의 내용과 방법

| 남호엽 저 |

학지사

머리말

글로벌화는 이제 인류의 생존 조건으로 일상화되었다. 삶의 기본 단위로 글로벌 세계가 펼쳐지고 있다. 미래 세대가 삶의 주체로서 지구환경에 창조적으로 적응하도록 학교 교육이 전개되어야 하는 상황이다. 글로벌 교육은 이러한 현실의 조건에서 탄생하여 진화하고 있다. 최근 한국사회에서 글로벌 교육의 논의가 널리 확산되고 있다. 글로벌 시민의 육성은 일선 학교나 교육청 단위에서 지향해야 할 교육목표로 자리 잡고 있다. 글로벌 교육의 저변이 그만큼 확산 및 보편화되고 있다는 징표다. 그러나 이러한 현실의 변화에도 불구하고, 글로벌 교육에 관한 논의는 구호 수준에 머무는 듯하다. 아직은 당위론적인 관점에서 글로벌 교육의 수용이 불가피함을 역설하는 것 같다. 학습자들의 마음을 변화시키는 데 기여할 수 있는 논의가 활발한 편은 아닌 것 같다. 이 책은 이러한 현실을 개선하는 데 조금이나마 기여하기 위하여 출판되었다.

이 책이 글로벌 교육의 내용과 방법에 초점을 둔 이유는 다음과 같다. 무엇보다도 글로벌 교육의 체계화는 교육과정 및 수업 차원에서 수행되어야 하기 때문이다. 학교현장에서 글로벌 교육의 실천은 아직 초기 단계이고, 안정적인 실천이 미흡한 상태다. 이 불안정성은 글로벌 교육의 실체가 교육내용과 교육방법 차원에서 충분히 고려되지 못한 점에 기인한다. 즉, 글로벌 교육에서 무엇을 어떻게 가르칠 것인가의 발상이 다각적으로 검토되어야 할 시점이다. 이상과 같은 문제의식 속에 최근 몇 년 동안 필자는 연구에 집중해 왔고, 그중 일부를 이 책에 담았다.

이 책은 글로벌 교육의 내용과 방법에 관한 교과서가 아니다. 다양한 현실의 수요 속에서 관련 사안이 계기적으로 모색된 결과물이다. 글로벌 교육에 관한 발상이 역사적으로 오래되지 않은 상황에서 불가피한 면이 없지 않다. 다만, 필자는 글로벌 교육론의 체계화를 생각했고, 그 결과물로 교육내용과 교육방법에 관한 정리가 필요함을 절감하였다. 독자께서는 각자 생각하고 있는 글로벌 교육의 관점 속에서 이 책의 내용을 투사하여 취사선택하기를 기대한다. 아마도 글로벌 교육에 관한 교과서는 좀 더 세월이 흘러야 가능할 것이다. 미래 세대의 소속단위가 국민국가를 완전히 탈피했을 무렵에는 가능할런지 생각해 본다.

책의 구성은 크게 두 부분으로 나뉜다. 제1부는 글로벌 교육의 내용론, 제2부는 글로벌 교육의 방법론에 초점을 두고 있다. 물론, 교육내용과 교육방법은 서로 밀접한 관련이 있다. 널리 회자되는 바와 같이, 양자 사이는 서로 별개의 사안이라기보다는 상호구속적이다. 필자의 논의에서도 마찬가지다. 다만, 제1부는 교육내용론에 보다 초점화된 논의를 전개하고, 제2부는 교육방법론에 상대적으로 집중화된 논의를 수행한다.

제1부 글로벌 교육의 내용론에서 세부 사항은 다음과 같다. 제1장에서는 글로벌 교육의 출발점으로 글로벌화의 의미 탐색을 지리적인 관점에서 추구하였다. 제2장 '글로벌 단원의 성립과 전개'는 우리나라 초등학교 사회과 교과서를 자료로 하여 글로벌 교육의 수요가 어떤 식으로 토착화되었는지 추적하였다. 제3장은 소위 '다문화교육'이라는 발상이 사회과 교육과정에서 작동하고 있는 기제를 확인하고자 한 결과물이다. 제4장은 글로벌화라는 시대의 흐름과 강하게 부딪히고 있는 영토의식의 세계를 '영토교육의 재개념화'라는 관점에서 다루었다.

제2부 글로벌 교육의 방법론에서 세부 사항은 다음과 같다. 제5장은 글로벌 교육방법으로서 문제해결의 논리를 모색하였다. 고등학교 통합사회 과목의 경우를 사례로 하여 소단원 구성의 흐름으로 접근하였다. 제6장은 학교현장에서 실천되고 있는 '유네스코 문화교실'을 사례로 하여 해당 수업의 구조와 인식 논리를 분석하고 미래지향적인 전망을 도모하였다. 제7장은 글로벌 교사교육의 관점에서, 이중 언어 교수요원들을 대상으로 하는 〈한국사회의 이해〉 강좌의 실행연구 성과물을 담았다. 제8장은 글로벌 교육을 '상호 이해와 편견 극복'이라는 차원으로 맥락화하여 학교에서 실천할 수 있는 수업을 구상하였다.

이 책은 필자가 여러 지면을 통해서 발표한 글을 수정하여 정리한 것이다. 학회와 학술지 등을 통해 여러 연구자와 일정한 소통이 있었다. 매우 타당한 문제 제기 중 충분히 반영하지 못한 사항들이 있다. 이것은 모두 필자의 능력이 부족한 탓이다. 향후 글로벌 교육의 연구 과정에서 최대한 반영이 되도록 노력하겠다.

　이 책은 많은 분의 후원에 힘입어 출간되었다. 필자와 더불어 서울교육대학교 교육전문대학원 국제사회문화교육전공에서 글로벌 교육론의 체계화와 교육현장에서의 착근을 위해 헌신하고 계신 김용신 교수님을 비롯한 전공교수님들의 배려를 기억한다. 무엇보다도 졸고를 훌륭한 편집으로 엮어 주신 출판사 관계자들께도 감사드린다.

　　　　　　　　　　　　　　　　　　서초동 연구실에서
　　　　　　　　　　　　　　　　　　남호엽

차 례

제1부

교육내용론

제1장

글로벌화의 의미: 지리적 관점

1. 지리적 관점이란 무엇인가

지리적 관점이란 지리학자들의 시선으로 삼라만상을 인식할 때 작동하는 시각이다. 1994년 미국에서 발간된 국가 표준 교육과정 『삶을 위한 지리학(Geography for Life)』의 경우, 지리적 관점의 획득을 학교 지리 교육의 주요 목적으로 설정하고 있다. 여기서 지리적 관점이란 공간적 관점과 생태적 관점이 전형적이다.[1] 공간적 관점이란 사물 혹은 현상에 대하여 질문을 던지는데, '어디에서?' '왜 거기에서?'라는 질문을 던지면서, 공간적 패턴과 과정에 관한 이해를 도모하는 사고방식이다. 다음으로 생태적 관점이란 생명체, 생태계 그리고 인간 사회 사이 연결과 관계에 관해 탐구할 때 형성되는 사고방식이다.

이 두 관점이 주변 세계를 대상으로 작동할 때, 논의의 출발점은 그 세계를 장소화한다는 점이다. 즉, 인간의 사고방식 속으로 주변 세계를 포섭해 낸다. 요컨대, 공간적 관점이든 생태적 관점이든 인식대상으로서의 세계, 즉 장소로서의 현상 혹은 사물의 포착이 선행적이다. 다시 말해서 장소의 문제설정 아래 지리적 관점의 작동이 이루어진다. 그래서 논의의 출발점은 장소의 의미 규정에서부터다.

장소란 인문지리학에서 볼 때 의미가 부여된 공간, 차별화된 공간

---

1) Geography Education Standards Project, 1994, *Geography for Life*, National Geographic Research & Exploration, pp. 57-58.

이다.[2] 그리고 이러한 장소의 성질을 파악하기 위하여 여러 가지 지리적 개념들이 탄생한다. 아울러, 이러한 지리적 개념들은 일정한 공간에 의미가 부여되는 과정 그 자체에 대한 이해이기도 하다. 장소 논의로 돌아가서 파생하는 지리적 개념들의 지도화를 시도해 보자. 장소를 의미가 부여된 공간, 차별화된 공간이라고 할 때, 의미 부여 및 차별화 과정은 다른 식으로 말하자면 경계 설정의 과정이다. 일종의 구별 짓기 상황이며, 이렇게 경계가 설정된 장소를 영역(territory)이라고 한다.[3] 널리 알려진 바와 같이 이 경계는 결코 가치중립적이지 않고 일정한 의도의 산물이다. 이렇게 일정한 의도성의 관철을 영역화(territorialization) 과정이라고 하며, 그 결과로 인하여 영역성의 성립이 가능하다. 그렇다면 이렇게 영역의 성립, 즉 경계의 생성이 이루어질 때, 구별 짓기의 근거는 무엇인가?

일정한 공간의 차별화, 영역의 발생에서 차별화의 근거로서 특정한 실체의 가시성에 주목할 때, 그것을 바로 경관(landscape)이라고 한다. 요컨대, 경관은 지표 공간의 이모저모를 보여 주면서 의미의 형성을 가져오고 있다. 그래서 경관은 자연환경이 문화적으로 변형된 모습이며, 곧 문화경관이다.[4] 경관은 인식주체에 의해 중립적인 실체로 파악되기도 하지만, 발생론적으로 문화적인 변형물이기

---

2) Crang, M., 1998, *Cultural Geography*, Routledge; Cresswell, T., 2004, *Place: A Short Introduction*, Blackwell, 심승희 역, 2012, 『장소』, 시그마프레스.

3) Sack, R. D., 1986, *Human Territoriality: Its Theory and History*, Cambridge University Press.

4) Sauer, C. O., 1925, The morphology of landscape, in *Land and Life*, University of California Press.

에 개인이나 집단의 의도가 개입되는 국면을 외면해서는 곤란하다. 경관론은 학파에 따라 다양한 수용의 모습을 보이고 있다. 지역 간의 차이 양상을 파악하기 위하여 경관에 주목하는 프랑스의 비달학파 인문지리학자들과 미국의 전통적인 문화지리학자들은 인식주체의 가치 개입을 자제한다. 소위 말해서 있는 그대로의 경관 이해, 경관의 형태학에 초점을 두기에 개인이나 집단의 개입은 포함되지 않는다.

그러나 인본주의 지리학자들, 사회구성주의 지리학자들에게 경관 이해는 단순히 객관적인 상황이 아니다. 인본주의 지리학자들에게 장소의 경관은 그 장소를 살아가는 사람들의 레퍼토리가 응축되어 있는 것이다.[5] 특정 장소의 경관은 그곳에서 삶을 영위하는 사람들의 심오한 주관성이 나타나 있다. 예컨대, 사람들은 세계 내 존재로서 자신의 가치를 실현하는 과정으로 경관을 창출한다. 한편, 사회구성주의 지리학자들에게 장소는 사회적 관계 그 자체이며, 그것의 가시적인 모습이 경관으로 표출되고 있다.[6] 사회적 관계는 인간 개개인이 서로 관계를 형성하면서 사회를 구성하는데, 이 과정은 단지 기능적인 결합 양상이 아니라 힘의 역학 관계가 작동하는 현실 그 자체다. 여기서 사회적 관계의 국면들은 여러 차원으로 범주화될 수 있는 바, 대표적인 사례가 바로 젠더, 민족, 종족, 인종, 계급 등이다. 요컨대, 사회구성주의 지리학자들은 사회현실들을 지

---

5) Cosgrove, D. E., 1984, *Social Formation and Symbolic Landscape*, Barnes & Noble Books, pp. 33-38.
6) 심승희 역, 2012, 『장소』, pp. 41-47.

리적인 파노라마로 이해할 때, 그 지리적 실체들은 권력과 이데올
로기의 문제들이 스며 들어 있다고 본다. 따라서 사회구성주의 지
리학자들에게 장소와 경관의 이해는 현실의 목적의식적인 변화와
무관하지 않다. 즉, 이들에게 경관은 어떤 위치에서 어떤 의도를 가
진 시선의 주체가 관여하고 있는가의 사안이다.

지리적 관점의 구체성을 논의할 때, 주목할 수 있는 또 하나의 개
념이 바로 스케일이다. 이 개념은 앞서의 개념들과 더불어 지리적
인 복합체들을 더욱 역동적으로 이해할 수 있는 시도다. 사회적인
현실들, 즉 지리적인 복합체들이 작동하는 양상은 매우 복잡하며
다차원적이다. 이러한 복잡성과 다차원성을 이해하기 위한 시도로
지리학자들은 공간 스케일의 인식방법론을 구사한다. 지리학에서
공간 스케일은 사회적 관계 수준을 파악하기 위한 일종의 문제설정
이다.[7] 즉, 지리학자들은 사회적 관계의 구조와 과정을 충실하게 이
해하기 위하여 일정한 범주화와 차별화를 시도한다. 예컨대, 사회적
인 관계의 이음새와 흐름들을 국지적 스케일, 지역적 스케일, 국가
적 스케일 그리고 글로벌 스케일로 보는 경우가 그러하다. 이들 사
이의 관계 구도는 은유적으로 파악할 수 있는 바, 그 사례는 다음과
같다.

---

7) Marston, S. A., 2000, The social construction of scale, *Progress in Human Geography*, 24(2), pp. 219-242; Jones, K., 1998, Scale as epistemology, *Political Geography*, 17, pp. 25-28; Levy, J., 1995, The spatial and the political: close encounters, in Benko, G. B. & Stromayer, U. (Eds.), *Geography, History and Social Science*, Kluwer Academic Publishers, pp. 227-242.

[그림 1-1] 동심원 구도로 본 스케일[8]

　각 개별 스케일 간의 위상은 [그림 1-1]처럼 동심원적으로 포함 관계를 형성하면서도 동시에 [그림 1-2]처럼 나무뿌리 모양새를 가진다. 동심원 관계는 스케일 간의 위상을 보여 주고 있으며, 나무뿌리의 경우 실질적인 이음새의 국면을 잘 나타낸다. 널리 알려진 관계 양상은 [그림 1-1]이며, 매우 정적이다. 그런데 [그림 1-2]의 경우, 현실의 복합성과 역동성을 상대적으로 더 잘 이해할 수 있도록 해 주는데, 특히 글로벌화의 상황을 파악하는 경우에서 그러하다. [그림 1-1]의 경우에는 글로컬(glocal) 관계 국면의 직접성을 파악하기가 곤란하지만, [그림 1-2]의 경우에는 그 관계 양상의 이해가 가능하다. 즉, 국지적 장소의 현실들이 글로벌 영향력과 교섭하고 있는

---

8) Herod, A., 2003, Scale: the local and the global, in Holloway, S. L., Rice, S. P. and G. Vallentine. (Ed.), *Key Concepts in Geography*, Sage, p. 239.

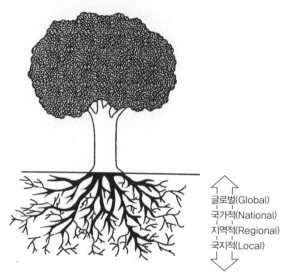

글로벌(Global)
국가적(National)
지역적(Regional)
국지적(Local)

[그림 1-2] 나무뿌리로 본 스케일[9]

상황이 파악 가능하도록 해 준다.

　이상에서 살펴본 바와 같이, 지리적 관점은 글로벌화라는 지리적인 리얼리티들을 이해할 수 있는 유효한 접근법이다. 장소의 문제 설정 아래 그 장소와 개념 생태계를 형성하고 있는 의미들, 즉 경계와 영역, 경관과 스케일 등의 개념들이 글로벌 현실의 충실한 이해를 가능하게 한다. 결국, 글로벌화의 지리적 이해는 글로벌 장소감의 이해 상황이며, 이것은 글로벌화의 움직임 그 자체를 거시적인 구도뿐만 아니라 미시적인 차원에서도 포착할 수 있도록 한다. 또

---

9) Herod, A., 2003, Scale: the local and the global, in Holloway, S. L., Rice, S. P. and G. Vallentine. (Ed.), *Key Concepts in Geography*, Sage, p. 241.

한 글로벌화는 사회적 시·공간의 합작품이기 때문에 그 의미의 켜들을 발견하고 분석하는 과정에서 지리적인 방식이 시사점을 남긴다. 그렇다면 '글로벌화 국면들을 지리적으로 이해하는 상황 그 자체는 도대체 무엇인가?' 이것이 다음의 논의 사안이다.

2. 글로벌 장소감과 세계 인식

글로벌 실재를 지리적으로 이해하는 대표적인 경우로 하비(Harvey)의 논의가 있다. 그는 글로벌화를 '시·공간 압축 현상'으로 규정하였다.[10] 흔히 지구촌 마을이라는 표현에서 알 수 있듯이, 글로벌 현실은 지구사회 구성원들 사이 사회적인 시간의 거리를 현저하게 축소하였다. 교통과 통신의 발달로 이러한 현실의 성립이 가능해졌고, 그 결과는 지구라는 행성에 살고 있는 사람들 사이 상호 영향력의 비약적인 증대로 나타났다. 현실의 변화는 그 현실의 인식 방법과 결과에도 커다란 변화를 초래하여 기존의 사고방식을 진부하게 만들어 버린다.

이러한 거리의 축소 현상은 그만큼 글로벌 사회 구성원들 사이 상호작용이 활발해졌다는 의미이고, 지구촌 곳곳이 글로벌 영향력 아래에 놓이게 되었다는 것이다. 요컨대, 하나의 장소로서 글

---

10) Harvey, D., 1990, *The Condition of Postmodernity*, 구동회·박영민 역, 1994, 『포스트모더니티의 조건』, 한울.

로벌 세계를 마주함이 오늘의 현실이다. 그리하여 지리학자 메시
(Massey)에게,[11] 하나의 장소로서 지구 행성 내부의 여러 관계 국면
에 대한 이해가 관건이 되었다.

> 만약 누군가 사회적 관계의 네트워크와 이동, 커뮤니케이션
> 을 모두 머릿속에 담은 채 인공위성에서 지구로 이동한다면,
> 각 '장소'는 그 사회적 관계의 네트워크, 이동, 커뮤니케이션이
> 교차하는 특수하고 고유한 지점으로 보여질 수 있다.[12]

이렇게 글로벌 장소 인식은 장소의 의미를 절대 고정불변의 경계
내부와 외부 상황으로 설정하지 않는다. 장소는 '서로 얽혀 있는 사
회적 상호작용의 관점에서 개념화될 수 있다'고 말할 수 있으며, 이
때 상호작용은 과정을 말한다.[13] 즉, 장소는 하나의 과정이며, 이 과
정 속에서 국지성과 글로벌 영향력들 사이에 활발한 교섭 관계가
발생한다.

> 각 장소가 더 광범위하고 더 지역적인 사회적 관계들이 혼합
> 되는 거점이라는 사실로부터 장소의 고유성이 생긴다. 한 장소
> 에서의 이러한 혼합이, 그렇게 혼합되지 않았다면 발생하지 않

---

11) Massey, D., 1994, A global sense of place, in *Space, Place and Gender*,
University of Minnesota Press, pp. 146-156.

12) Cresswell, T., 2004, *Place: A Short Introduction*, Blackwell, 심승희 역, 2012,
『장소』, 시그마프레스, p. 107.

13) 심승희 역, 2012, 『장소』, p. 108.

았을 효과를 생산할 수 있다는 것은 사실이다. 그리고 마지막
으로 이 모든 관계는 한 장소에 축적된 역사로부터 나온 특수
성의 요소와 상호작용하며, 그 요소를 취하기도 하는데, 이 역
사는 그 자체로 지역과 더 넓은 세계 간의 다양한 연계의 집합
으로 누적된 층위의 산물로 상상된다.[14]

한편, 이렇게 사회적 관계와 과정으로서 장소화된 지구 행성의 레
퍼토리는 다양한 모습의 가시적 경관으로 그 외양을 표출한다. 그래
서 우리는 이 지점에서 '이접적으로 중첩되는 장을 형성'하는 양상
으로 오늘날 글로벌화의 경관을 사고할 수 있다. 즉, 〈표 1-1〉과 같
이 다섯 가지 경관이 일정한 흐름을 창출하면서 이접적인 관계 지형
을 창출한다. [15]
이러한 세계화의 경관은 물론 앞서 살펴본 바와 같이, 경관을 바
라보는 주체에 따라 서로 다른 의미 해석이 가능하다. 그리고 이러
한 의미 굴절 양상이 바로 글로벌화를 이해할 때 불가피하게 직면
하는 복잡성과 난해함이라고도 볼 수 있다. 요컨대, 글로벌화의 경
관들이 가지는 의미 관계를 추적하다 보면, '개인이나 집단이 일상
적인 실천을 통하여 전지구적인 것과 관계를 맺고 경합하는 공간에
살고 있는 것'을 알 수 있다.[16]

---

14) 심승희 역, 2012, 『장소』, p. 109.
15) Appadurai, A., 1996, *Modernity at Large: Cultural Dimension of Globalization*, University of Minnesota Press; 姜尚中・吉見俊哉, 2001, 『グロバル化の遠近法』, 岩波書店, 임성모・김경원 역, 2004, 『세계화의 원근법』, 이산, p. 47. 필자 정리.

〈표 1-1〉 아파두라이(Appadurai)의 세계화 경관

세계화 경관	의 미
에스노 경관	여행자, 이민, 난민, 망명자, 외국인 노동자 등 공동체 경계를 넘어 이동하는 개인 및 집단의 흐름과 그들이 구성하는 지형
미디어 경관	신문이나 잡지를 비롯하여 텔레비전, 컴퓨터를 망라한 미디어와 그것을 통해 유통되는 이미지에 의해 구성됨
이디오 경관	정치적 이데올로기나 개념의 경계를 뛰어넘는 연쇄, 특히 사상 및 정책적 지식, 법 등에서 전지구적인 지형을 구성
테크노 경관	기술=기계의 전지구적 이동과 재배치를 통해 구성되는 지형
파이낸스 경관	전지구적 유동성을 급속하게 고양시키는 자본=화폐에 의해 구성되는 지형

지금까지 살펴본 바와 같이, 글로벌화는 동시대적인 현상으로 사회의 각 부문이 전 세계적으로 결합하는 상황을 말한다. 그런데 이러한 결합 양상이 어떠한 단일한 체제를 귀납적으로 구성하는 것은 아니다. 상호 연결의 흐름이라는 것은 매우 복합적이고 중층화되면서도 차별적인 과정 그 자체다. 즉, 모든 것을 글로벌적인 것으로 환원시킴이 아니며 그보다는 매개적인 요인들의 이음새를 중시한다. 그래서 '글로벌 상황에 관한 다중적인 이야기'가 모색되어야하는데, 예컨대 트랜스로컬(translocal)과 같은 매개적인 개념의 발명이 권장된다.[17] 즉, 글로벌화는 지리적 관점에서 볼 때, 매우 복합

---

16) 임성모 · 김경원 역, 2004, 『세계화의 원근법』, 이산, p. 48.

17) Washbourne, N., 2005, Globalization/Globality, in Atkinson, D., Jackson, P., Sibley, D., & N. Washbourne. (Ed.), *Cultural Geography: A Critical*

적이고 중층화된 현실이다. 예컨대, 과거의 이분법처럼 국가와 시민사회, 경제시스템과 국가 사이의 대립 구도로만 파악하기에는 곤란한 상황이다. 또한 국민국가의 자연화 및 신성화에 기초한 결정론적 시각 역시 매우 무기력하다. 글로벌화는 다차원적인 맥락 구도에서 상황의 의미 규정이 요구되고 있다. 글로벌리티라는 현실은 트랜스내셔널(transnational), 트랜스로컬(translocal), 글로컬(glocal) 등과 같이 여러 차이의 국면들이 서로 중첩, 이접되어 있는 양상을 말한다. 상황이 이러하다 보니 인류가 글로벌리티를 경험하는 과정은 단순히 상호의존적인 국면으로만 이해하기는 곤란하다. 외형적으로 볼 때, 인류사회 구성원들 사이가 서로 연결되어 있다는 인식은 분명한 사실이지만, 그러한 연결은 글로벌 계층화와 위계화를 구조적으로 만들어 내면서 매우 차별적인 장소경험을 개별 주체들에게 제공한다. 요컨대, 개별 주체들이 경험하고 있는 정치적인 경계의 활발한 운동으로 인하여 일상생활의 터전들이 탈영토화와 재영토화하는 상황이 매우 지속적으로 이루어진다.[18]

Dictionary of Key Concepts, I. B. Tauris, 박배균 역, 2011, 「글로벌화/글로벌리티」, 이영민 외 공역, 『현대문화지리학: 주요개념의 비판적 이해』, 논형, p. 307.

18) Held, D., McGrew, A., Goldblatt, D., & Perraton, J., 1999, *Global Transformations*, Blackwell Publisher, 조효제 역, 2002, 『전지구적 전환』, 창비, pp. 54-55.

3. 사례 논의: 지속가능한 지역 만들기

이제 글로벌 장소감과 세계 인식의 사례를 개별 지역을 통해 논의하도록 한다. 사례 지역은 일본 시코쿠 고우치현 유스하라초우(ゆすはら町)다. 이곳은 산간 지역이며, 산림경제를 통해 지역의 지속가능성을 모색하는 전형성을 가진다. 그런데 이 지역의 지속가능성 모색은 주민들의 전략적인 의사결정에 기초하고 있으며, 이러한 의사결정의 동력은 바로 글로벌 장소감으로부터 출발하고 있다. 다음의 글은 유스하라초우(ゆすはら町)의 지역 만들기 이야기다.

유스하라초우는 총 면적이 23,651ha이며, 그 중 산림면적은 21,511ha로 전체의 92%를 차지하고 있다. 그야말로 숲으로 둘러 싸여 있는 산림의 고장이다. 이 지역은 1992년 브라질 리우 회의에서 도출한 '지속가능한 산림경영'의 대표적인 실천 사례 지역이다. 이 고장 사람들은 산림을 무분별하게 개발하거나 방치하는 것이 아니라 지속가능한 방식으로 경영하고 있다. 이들은 선조들의 녹화사업 덕분에 울창한 숲을 물려받았지만, 목재 가격의 하락과 산림 생산 활동의 침체로 위기에 처했다. 경제성 있는 목재의 생산을 위하여 필수적인 간벌 자금 확보 과제가 부각되었다. 주민들은 지자체를 중심으로 간벌 보조금의 확보를 도모하였다. 1999년 산 정상 부근 카르스트 지역에 풍차 2기를 설치 후 풍력 발전을 하여 전기를 팔아서 자금을 마련하였다. 이 자금은 간벌 보조금으로 주민들에게 투자되어 합리적인 산림경영이 가능하도록 했다. 또한 간벌 작업의 부산물인 잔가지, 잎, 밑둥 등을 활용하여 펠릿이라는 목질 바이오매스를 만들어 공장 및 일반 시설의 냉·난방 연료로 사용하였다. 이상과 같은 지역사회의 움직임은 'FSC 산림인증'의 획득이 가능하도록 하였다. FSC 산림인증이란 국제적인 환경보호단체인 산림관리협의회(Forest Stewardship Council)가 부여하는 것으로, 환경을 생각하며 길러낸 숲과 나무를 대상으로 한다. 한편, 유스하라초우는 시만토강 등 하천의 산간 상류지역이다. 이 지역은 물의 양이 풍부하고 계곡이 발달하였고, 물의 흐름을 변경하여 소규모 수력 발전을 시도하고 있다. 최근 지열과 태양열을 이용한 에너지 생산의 모델화도 추구하고 있다. 유스하라초우는 지금 현재 지역에서 사용하는 전력의 3할을 자연 에너지로 사용하고 있다. 또한 2050년까지 지역의 전력 자급율 100%를 목표로 하고 있다.[19]

유스하라초우는 근대국민가의 테두리로 보자면, 중앙으로부터 멀리 떨어진 변방이다. 근대화의 과정에서 임업이 가지는 한계, 근대적인 교통 체계로부터의 벗어남, 젊은이들의 도시로의 이주 등이 이 지역 주민들의 생활을 한계에 봉착하게 했다. 이곳은 근대

---

19) 남호엽, 2013, 「문제해결과정으로 본 글로벌학습」, 『사회과교육연구』, 제20권 1호, pp. 13-29; 진명숙, 2010, 「환경의 정치적 상징: 일본 유스하라정의 FSC 산림인증을 중심으로」, 『ECO』, 14권 2호, pp. 87-118.

[그림 1-3] 지역의 목재를 활용한 유스하라초우 청사 건물

화 과정에서 촌락 공간이 직면한 침체의 모습이 전형적으로 나타
나는 지역이었다. 따라서 지역 주민들 스스로가 자구책을 마련하는
것이 필연적인 상황이었는데, 그 돌파구가 글로벌화에서 나타났다.
1997년 교토의정서의 체결, 즉 지구온난화 규제 및 방지의 국제협
약인 기후변화협약의 구체적 이행 방안이 가시화되면서 지역사회
변화의 계기가 왔다. 지구온난화의 극복은 온실가스의 감축을 통해
가능하다는 인식이 확산됨에 따라 세계 각지에서 화석연료 사용의
자제 움직임이 활발해졌다. 지속가능한 지구생태계를 고려할 때, 에
너지 생산의 패러다임이 달라져야 한다는 발상이 선진국을 중심으
로 널리 전파되었는데, 유스하라초우의 경우 지역의 특성화 전략과
온실 가스 감축이라는 시대적 요구가 결부된 것이다.

유스하라초우는 산림경영의 합리화를 위해서 간벌 자금의 확보
가 필요했고, 이것을 위하여 지역사회가 자체적으로 풍력 발전을

시도하였다. 동시에 간벌의 부산물들은 바이오매스라는 연료로 변형하여 에너지원으로 전환하였다. 간벌은 이 지역 산림의 경쟁력을 강화하였고, FSC 산림인증의 계기가 되었다. 아울러 산간 상류 지역의 특성을 고려하여 소규모 수력 발전을 시도하였고, 최근에는 지열과 태양열을 이용한 에너지 생산도 도모하고 있다. 유스하라초우는 지역 자체의 지속가능성을 지리적인 특성화를 통해 추구하고 있다. 에너지원의 자급화와 상품화를 통한 재정 확충, 간벌 등 산림경영으로의 재투자와 그에 따른 지역경쟁력 강화에 기초하여 지속가능한 에너지 생산 방식의 다각화 차원으로 나아가고 있는 것이다. 또한 재정 능력의 강화는 지역 기반 시설의 고급화, 수려한 자연환경의 관광 자원화 등으로 이어져 관광객 유치뿐만 아니라 외부 지역으로부터의 이주자 유입 등의 효과도 낳았다.

따라서 유스하라초우 주민들은 지역이 처한 위기의 해결책을 글로벌 장소감 및 세계 인식에 기초하여 구체화하고 있다. 즉, 지구환경 변화에 따른 인류의 생존 전략을 지역사회 차원에서 적극적으로 전유하면서 지속가능한 삶의 패러다임을 추구하고 있는 것이다. 지역 특성화 전략이 글로벌화와 결부되어 있는 전형적인 사례라고 볼 수 있다. 국지적인 삶의 공동체가 지속가능성을 확보하기 위하여 글로벌 현실에 대한 자각과 이에 대한 적극적인 개입을 도모하고 있는 것이다. 이들은 자신이 살고 있는 생활공동체의 가능성과 한계를 글로벌 조건 속에서 사고하면서 지속가능성을 추구하고 있다.

4. 결 론

지금까지 공간 담론의 측면에서 글로벌화의 의미와 사례 검토를 시도하였다. 글로벌화 현상을 지리적 관점에서 이해할 때, 현상의 외양들은 경관론의 측면에서, 현상의 역학과 과정에 관한 이해는 공간 스케일의 측면에서 논의가 가능함을 살펴보았다. 특히 글로벌화라는 복합적인 사회현실을 역동적으로 이해하는 과정에서 스케일의 관계 국면이 중요함을 확인하였다. 글로벌화는 세상이 통일적이고 단일한 모습으로 나아가는 과정이 아니라, 매우 중층적이고 복합적인 구조로 세계가 복잡하게 얽히는 상황이다. 따라서 과거에 비해 오늘날의 상황은 더욱 구체적인 현실 이해를 시도해야 할 상태다. 향후 글로벌화가 더욱 일상화됨에 따라, 이론적이고 실천적인 개입의 전략화가 요망되고 있다.

첫째, 글로벌화 현상을 인식할 수 있는 개념의 정련화가 요청된다. 필자는 주로 인문지리학의 시각에서 조망하였는데, 관련 개념들은 매우 학제적인 관심사이기도 하다. 따라서 분과학문의 테두리 내에서 안주하는 것이 아니라 개념과 사례를 매개로 학제적인 소통을 활성화시켜야 할 것이다.

둘째, 글로벌화 현상과 관련한 사례 연구의 축적이 중요하다. 글로벌화 현상이 먼 곳의 이야기가 아니라면, 우리는 각자 발 딛고 살아가는 생활공간을 사례 연구의 대상으로 보아야 할 것이다. 즉, 심리적으로 매우 친숙한 지역에서 개입하고 있는 글로벌 영향력에 대한 관심과 사례 연구의 실천을 강조하고 싶다.

셋째, 글로벌 연구의 성과를 교육의 과정으로 전환하는 과제다. 글로벌 현실은 지금보다도 미래 세대에게는 더욱 일상화된 모습으로 부각될 것이기에, 초·중·고등학생을 대상으로 하는 글로벌 사회인식의 내용과 방법에 관한 연구와 실천이 풍부해야 할 것이다.[*]

---

[*]　2012년 『글로벌교육연구』, 4(2), pp. 3-17에 발표한 글을 수정·보완함.

제2장

글로벌 단원의 성립과 전개

1. 서 론

오늘날 인류가 직면한 삶의 조건으로 '글로벌'이라는 표현이 매우 일상화되고 있다. 신문과 방송 등 대중 매체에서 '글로벌'이라는 수식어는 항상 나타난다. '글로벌'이라는 발상은 단지 정치적인 수사로만 머무는 것이 아니라 일상생활의 본질을 가리키는 의미 범주로 안착하고 있다. 널리 알려진 것처럼, 글로벌화 담론의 확산 이전에는 국제화 논의가 대세였다. 국제화의 추세가 완전히 사라진 것은 아니지만, 이것으로만 설명할 수 없는 현실이 오늘의 모습이다. 국제화의 담론체계로 이해할 수 없는 새로운 사회현실이 가속화되고 있다.[1] 요컨대, 인류사회는 글로벌 세계로 명명되며 그 세계의 작동 기제를 이해해야 할 처지다.

글로벌 현실의 도래는 교과교육의 입장에서 볼 때, 새로운 인식대상을 조건화하고 있다. 교과교육이 앎의 추구라고 할 때, 인식대상의 설정은 기본적인 구도다. 무엇보다도 글로벌리티는 사회인식교과의 재구조화를 요구하고 있는데, 특히 쟁점 중심 사회과의 전통에서는 교육과정 범위의 설정 변화를 가져왔다. 이를테면, 1994년 NCSS 국가 교육과정의 경우, 교육내용의 범위로 '글로벌 커넥션'을 공식화하고 있다.[2] 한편, 자연현상을 인식대상으로 하는

---

1) 손병노, 1996, 「미국의 지구촌교육 운동」, 춘천교육대학교 인문사회연구소, 『인문사회연구』, 창간호, pp. 234-268; 김용신, 2009, 「한국 글로벌교육 연구전통의 이해와 변화」, 『글로벌교육연구』, 창간호, pp. 43-61.

교과에서도 지구온난화 현상은 합리적인 문제해결의 대상이다. 인
식대상으로서 글로벌리티는 사회인식과 자연인식의 융합을 자연스
럽게 하고 있다.

글로벌화에 기초한 교육의 실제 등장은 필연적인 산물이며, 글로
벌 교육의 실체화가 가속화되고 있는 추세다. 한국에서 글로벌 교육
의 현실태는 다각적으로 나타나고 있다. 당위론적인 제안에서부터
교실에서의 수업 실천까지 다양한 모습이다. 그런데 글로벌 교육의
필요성에 관한 시론적인 주장에 비해, 하나의 실제로서 글로벌 교육
에 관한 분석이 많지 않은 것이 현실이다. 한국에서 글로벌 교육의
실제를 파악하려는 시도가 활성화되지 못한 상황에서 그 접근 방식
은 다양할 수 있다. 무엇보다도 공식적인 국가 교육과정에서의 접근
현황을 파악하는 것이 급선무다. 교육과정 문서와 해설서는 교육내
용에 관한 개략적인 아이디어를 제공하기 때문에, 보다 상세히 교육
내용을 파악할 수 있는 국정 교과서에 주목하고자 한다.

2. 글로벌 교육과정 범위의 전형으로서 '상호의존'

글로벌 교육의 당위성 호소 차원에서 벗어나 실제적인 접근을
시도한다면, 그것은 교육내용과 교육방법의 대안 모색으로 상세화
할 수 있다. 특히 교육내용을 무엇으로 하고 이것을 어떻게 배열할

---

2) NCSS, 1994, *Expectations of Excellence: Curriculum Standards for Social
Studies*, NCSS Publications.

것인가의 문제이며, 이는 글로벌 교육과정의 구조 차원이다. 피셔
(Fisher)와 힉스(Hicks)는 글로벌 교육을 '세계 연구'(world studies)
차원에서 정식화하고 필수적인 학습요소를 '원인과 결과' '의사소
통' '갈등' '협동' '권력의 배분' '공정성' '상호의존' '유사점과 차
이점' '사회변화' '가치와 신념' 등으로 설정하였다.[3] 이 중에서 '상
호의존'의 의미는 다음과 같다.

> 사람들은 돌봄과 정서적인 지원부터 재화와 서비스의 교환
> 까지 다양한 방식으로 상호의존한다. 이러한 상호의존은 개인,
> 집단 그리고 국제 수준 등 모든 삶의 측면에서 스며든다. 이것
> 은 긍정적이고 부정적인 효과를 낳는다. 인류가 직면한 가장
> 긴급한 문제들은 국경을 가로질러 글로벌 수준뿐만 아니라 국
> 지적인 수준에서 대처하는 것이 필요하다.[4]

글로벌 사회가 하나의 공동체라면, 그 내부에서 유기적인 상호작
용의 체계를 구성하기 때문에 그것이 가능하며, 이는 상호의존이라
는 개념 체계를 통하여 학습 대상으로 포섭된다. 상호의존 개념에
대한 주목은 다른 글로벌 교육론자들에게도 익숙한 의미 영역이다.
파이크(Pike)와 셀비(Selby)는 글로벌 교육의 4차원 모델을 확

---

3) Fisher, S. & Hicks, D., 1985, *World Studies 8-13: A Teacher's Handbook*,
Oliver and Boyd; Hicks, D., 2007, Chapter 2 Principles and precedents, in
Hicks, D. & Holden, C. (Ed.), *Teaching the Global Dimension*, Routledge,
pp. 17-18에서 재인용.
4) Fisher, S. & Hicks, D., 1985; Hicks, D., 2007, *Ibid.*, p. 18.

립하였는데, 그것은 쟁점 차원(issues dimension), 공간 차원(spatial dimension), 시간 차원(temporal dimension) 그리고 과정 차원(process dimension)이다.[5] 여기서 앞의 세 가지는 지식 목표 차원이고, 나머지 하나는 기능 및 가치 목표 차원이다. 특히 공간 차원의 경우, 국지적인 것과 글로벌적인 것 사이에 존재하는 상호연결들이며, 쟁점과 사람, 장소 그리고 국가들 사이 상호의존 개념에 초점을 두고 있다. 이렇게 볼 때, 상호의존의 의미는 공간적인 맥락에서 그 상호작용에 주안점이 있다.

한편, 시민성 교육의 주창자들인 미국사회과교육협회(NCSS)의 경우, 국가 교육과정을 정식화하는 과정에서 글로벌 커넥션을 10가지 핵심 내용 중 하나로 설정하고 있다. 즉, 유치원생부터 고등학생까지 학교시민교육을 배워야 하는 학생들의 필수 학습 요소로 '글로벌 커넥션'을 정식화하였다. 이들이 보기에 '글로벌 커넥션'은 다음과 같은 의미를 가지기에 학습 대상이다.

> 글로벌 상호의존성의 리얼리티들은 세계 사회들(world societies) 사이에서 점점 중요해지고 다양한 글로벌 연결들을 이해하도록 요구한다. 국가 관심사들과 글로벌 우선권(global priorities) 사이 긴장들의 분석은 많은 분야에서 지속적이며 부

---

5) Pike, G. & Selby, D., 2000, *In the Global Classroom*, 2 vols, Pippin Press; Hicks, D., 2007, Chapter 2 Principles and precedents, in Hicks, D. & Holden, C. (Ed.), *Teaching the Global Dimension*, Routledge, pp. 24-25에서 재인용.

상하는 글로벌 이슈들에 대한 가능한 해결책들의 개발에 기여
한다: 헬스 케어, 경제 발전, 환경의 질, 보편적 인권 그리고 경
제적 경쟁과 상호의존, 해묵은 종족 적대감, 정치·군사적 동
맹, 기타 등등과 같은, 세계 문화들 내부 사이의 패턴과 관계를
분석하면서, 학습자들로 하여금 국가적이고 글로벌적인 함의
들을 가지는 정책 대안들을 신중하게 검토하도록 한다.[6]

미국사회과교육협회(NCSS) 교육과정 표준안에서 '글로벌 커넥
션' 주제는 지리, 문화 그리고 경제 관련 단원들에서 집중적으로 나
타나지만, 자연과학 및 인문학 영역까지 확장되는 사안이다. 이러한
교육내용은 학생들로 하여금 '지역과 국가들 사이 상호작용과 글로
벌 사건들과 변화들에 대한 그 반응으로서 문화적인 복합체들에 관
한 분석'을 가능하도록 한다.[7]

글로벌 교육의 핵심 내용으로 상호의존성에 주목하는 경우로 옥
스팜(Oxfam)은 교육과정 지침에서 학년군별 계열화의 실례를 제
공하고 있다. 옥스팜은 글로벌 시민교육의 핵심 요소로 지식·이해
영역에서 '사회정의와 공평함' '다양성' '글로벌화와 상호의존성'
'지속가능한 발전' '평화와 갈등'을 제시하였다.[8] 지식·이해 영역
의 내용은 학년군별로 계열화의 양상을 보이고 있는데, 그 양상은

---

6) NCSS, 1994, *Expectations of Excellence: Curriculum Standards for Social Studies*, NCSS Publications, p. 29.
7) NCSS, 1994, *Ibid.*, p. 29.
8) Oxfam, 2006, *Education for Global Citizenship: A Guide for Schools*, Oxfam GB, p. 4.

표 〈2-1〉과 같다.[9]

〈표 2-1〉 옥스팜(Oxfam)의 글로벌 교육과정 체계

지식과 이해	5세 이하	5~7세	7~11세	11~14세	14~16세	16~19세
사회 정의와 공평함	• 무엇이 공정하고 공정하지 못한가 • 무엇이 올바르고 올바르지 못한가	• 부유함과 가난함의 인식	• 집단들 사이 공정성 • 불공평의 원인과 결과	• 사회들 내부 및 사회들간 불공평함들 • 기본적인 권리와 책임	• 빈곤의 근절에 대한 서로 다른 견해들 • 글로벌시민으로서의 역할	• 글로벌 논쟁의 이해
다양성	• 자아와의 관계 속에서 타인 인식 • 사람 사이 유사점과 차이점 인식	• 사람 사이 유사점과 차이점의 더 넓은 인식	• 우리 생활에 서로 다른 문화, 가치, 신념들의 공헌 • 편견의 본질과 이것의 해결 방안	• 다양성 이슈들의 이해	• 서로 다른 문화와 사회의 심층 이해	• 서로 다른 문화와 사회의 심층 이해
글로벌화와 상호의존성	• 가깝고 국지적인 환경 의식 • 서로 다른 장소 인식	• 더 넓은 세계의 의식 • 서로 다른 장소들 사이연결과 결합	• 국가들 사이 무역 • 공정 무역	• 상호의존성의 인식 • 우리들과 타인들의 정치체계 인식	• 북/남 권력 관계 • 세계 경제 및 정치 체계 • 윤리적 컨슈머리즘	• 글로벌 이슈의 복잡성

---

9) Oxfam, 2006, *Ibid.*, p. 5.

지속가능한 발전	• 생명체와 그 요구 • 사물들을 돌보는 방식 • 미래 의식	• 환경에 대한 우리의 영향 • 과거와 미래의 인식	• 인간과 환경 사이 관계 • 자원 유한성 인식 • 사물을 변화시키는 우리의 잠재력	• 글로컬적으로 경제 및 사회발전의 서로 다른 견해 • 가능하고 선호하는 미래 개념 이해하기	• 지속가능 발전의 글로벌 현안 • 지속가능한 세계를 위한 라이프스타일	• 의제21의 핵심 이슈 이해 • 지속가능한 세계를 위한 라이프스타일
평화와 갈등	• 우리의 행동은 결과를 낳음	• 우리 사회와 다른 사회에서 갈등의 과거와 현재 • 갈등의 원인과 갈등 해결책-개인 수준	• 갈등의 원인들 • 갈등의 영향 • 갈등과 대결하고, 갈등을 예방하기 위한 전략들	• 글로컬적으로 갈등의 원인과 결과 • 갈등과 평화 사이 관계	• 평화를 조성하는 조건들	• 갈등 이슈의 복잡성과 갈등 해결

지금까지 살펴본 바와 같이, '상호의존'의 의미 세계는 글로벌 교육내용의 전형으로서 강조되고 있으며, 글로벌 교육을 위한 대부분의 교육과정 체계에서 핵심적인 내용으로 범주화되고 있다. 그 이유는 '상호의존' 개념이 글로벌 현실의 리얼리티를 충실하게 반영하는 개념 체계이기 때문일 것이다. 이후 논의는 '상호의존' 개념 체계를 사례로 하여 한국의 글로벌 교육 현황을 분석하고 그 경향을 파악하고자 한다. 논의 전개 방식은 우리나라의 초등학교 사회과 교과서를 사례로 하여 글로벌 단원의 성립과 전개 양상을 규명하는 과정이다.

3. 역사적 추이로 본 글로벌 단원의 전개 흐름

1) 글로벌 단원의 성립 전야: '국제화'의 시각으로 본 상호의존

글로벌 단원의 성립 전야에 해당하는 전형적 시기는 제4차와 제5차 교육과정 시기다. 물론 그 이전 시기도 맹아적으로 이러한 흐름을 형성시켜 왔다. 제4차 교육과정 시기 초등학교 사회과 교과서는 1984년에 출판되었고, 이 중 6학년 1학기 3단원 '세계 여러 곳의 생활'이 전형적인 사례다. 이 단원의 (3) 주제 '세계 여러 지역 간의 관계'는 글로벌 상호의존의 양상을 이후 시기와 마찬가지로 교통과 통신의 발달에 따른 시 · 공간 압축 현상의 관점에서 드러내 보이고 있다.

세계 여러 지역은 다른 지역과 정치, 경제, 문화 등 여러 면에서 관계를 맺고 있다. 우리나라도 세계의 여러 나라와 관계를 맺으면서 서로 도움을 주고받는다. 최근에 교통, 통신이 발달하면서 세계 여러 지역 간의 관계는 더욱 가까워지고 있다.[10]

한편, 이 시기 제4단원의 경우, '세계 속의 대한민국'이라는 제목 하에 '세계 여러 나라의 상호 관계'에 관심을 기울이고 있다.

---

10) 문교부, 1984, 『사회 6-1』, 국정교과서주식회사, p. 126.

사람이 사회를 떠나서는 살아갈 수 없듯이, 한 나라도 국제 사회에서 다른 나라들과 관계를 가지지 않고는 유지될 수가 없다. 어느 나라든지 물자와 자원이 아무리 풍부하다고 해도 모자라거나 없는 것들이 있게 마련이므로, 무역을 통해서 이를 구해 써야 한다. 그리고 기술이나 지식, 문화 등도 서로 주고받아야 산업이 발전하고 국민이 행복한 생활을 할 수 있다.[11]

인류는 상호연계를 통해 공통의 이익을 추구해야 할 처지라는 점에서 그 관계성을 중시하고 있다. 그리고 이러한 관계성은 공통적인 문제의 해결을 위한 공동 대응이 요청되고 있는바, 그것은 '국제연합(UN)'과 같은 국제협력기구를 통해서 가능하다는 입장이다.[12]

이상과 같은 제4차 교육과정 시기의 내용 구성 방식은 제5차 교육과정에서도 동일하게 반복되고 있다. 1990년에 출판된 제5차 교육과정 시기 사회과 교과서의 경우, 6학년 2학기 2단원 '세계의 여러 나라' 중 '국제 협력' 소단원에서 글로벌 상호의존의 국면을 보여 주고 있다.[13] 어느 나라이든 국제협력은 필수적인 사안이며, 무역과 같은 경제 협력과 평화를 위한 국제적이고도 정치적인 협력을 그 사례로 제시하고 있다. 아울러 국제적인 정치협력의 대표적인

---

11) 문교부, 1984, 『사회 6-1』, 국정교과서주식회사, p. 141.
12) 문교부, 1984, 『사회 6-1』, 국정교과서주식회사, pp. 150-161.
13) 문교부, 1990, 『사회 6-2』, 국정교과서주식회사, pp. 111-125.

사례로 국제연합(UN)을 다루고 있다. 요컨대, 제5차 교육과정 시기
까지의 경우, '국제화'의 관점에서 국가 간의 상호의존을 중심 내용
으로 서술하고 있다. 그러나 이것은 아직 본격적인 글로벌 단원의
전개가 진행된 것으로 보기 어려운 상태다.

2) 글로벌 단원의 정초기: 상호의존의 '지구촌 사회'

글로벌 단원의 정초기는 제6차 교육과정 시기라고 볼 수 있다.
그 이유는 이 시기의 교과서에 '지구촌'이라는 표현이 최초로 등장
하기 때문이다. 즉, 국제적인 시각에서 지구촌적 시각으로의 전환이
이루어진 시기다. 이 시기 초등학교 사회과 교과서에서 글로벌 상
호의존의 내용은 6학년 2학기 3단원 '우리와 가까워지는 세계 여러
나라' 중 '②지구촌 사회' 제재에서 잘 드러나고 있다. 이 교과서는
1997년에 출판되었는데, 이 시기에 즈음하여 '지구촌 사회'라는 발
상이 나타나고 있다는 것이 특이점이다.

> 교통과 통신 수단이 발달함으로써 이제 지구의 어느 곳에서
> 일어나는 일이라도 전 세계에 곧 전해지고, 점점 더 쉽게 세계
> 의 어느 곳으로도 갈 수 있게 되었다. 그러므로 이제는 어느 나
> 라의 일이라도 다른 나라의 생활과 밀접한 관계를 가지게 되었
> 다.[14]

---

14) 교육부, 1997, 『사회 6-2』, 국정교과서주식회사, p. 83.

지구촌 사회의 의미를 진술하고 난 뒤, 이러한 현상의 전형적인 사례를 교과서 본문과 차별화된 형식으로 제시하였고, 그 내용은 다음과 같다. 즉, '오늘날 세계를 지구촌이라고 하는 까닭'을 토의하는 상황으로 묘사하고 있다.[15)]

> 영수: 옛날에는 한 나라의 병이 다른 나라로 퍼지는 경우가 드물었으나, 오늘날에는 곧 세계 여러 나라에 퍼질 수 있습니다.
>
> 숙자: 올림픽 대회나 월드컵 축구 대회 같은 국제 대회는 세계 모든 나라가 참여하고 서로 협력하여 이루어집니다.
>
> 한기: 우리나라 사람들은 세계의 많은 나라에 나가 일하거나 공부하고 있으며, 다른 나라 사람들도 우리나라에 와서 활동하고 있습니다.
>
> 민지: 이제는 지구의 어느 곳에서 일어난 일이라도 바로 그 소식을 듣고 알 수 있을 정도로 통신 수단이 발달하여, 다른 나라 소식을 이웃에서 일어난 일처럼 알 수 있습니다.
>
> 병찬: 교통수단이 발달하여 지구의 어느 곳이든지 쉽게 오고 갈 수 있습니다.
>
> 태호: 세계 여러 지역의 문제들을 해결하기 위하여 국제 회의를 자주 합니다.

15) 교육부, 1997, 『사회 6-2』, 국정교과서주식회사, p. 84.

앞의 내용을 검토하면, 글로벌 사회의 현상을 상호의존의 관계로 잘 포착하고 있음을 알 수 있다. 하지만, 이러한 글로벌 상호의존의 구도를 생각하는 단위는 주로 국민국가다. 즉, 우리나라와 다른 나라 사이의 관계 혹은 '국제' 현안이라는 발상에 머물고 있다. 다만, '지구촌'이라는 발상이 공식적으로 사용되고 있다는 점에서 그 특이점이 있으며, 글로벌 단원이 정초되는 과정이라고 평가할 수 있다.

3) 글로벌 단원의 성장기: 글로벌 상호의존의 체계적인 인식

제6차 교육과정 시기가 글로벌 단원의 정초기라면, 제7차 교육과정 시기부터는 글로벌 단원이 성장해 가는 과정이라고 볼 수 있다. 제7차 교육과정 시기 글로벌 상호의존의 내용은 5학년과 6학년 교과서 모두에 나타나고 있다. 먼저, 5학년 1학기 3단원 '환경 보전과 국토 개발'에서 환경문제의 사례로 지구온난화 문제를 제기하고 있다. 지구온난화는 지구환경의 문제로, 상호연관의 체계로 인하여 여러 지역에 문제를 동시적으로 발생시키고 있다는 점을 지적하고 있다.

지구가 따뜻해지면 극지방의 빙하가 녹아 바다의 수면이 높아지게 된다. 현재 남태평양의 일부 섬나라들은 국토가 점점 물에 잠기고 있어 대책 마련에 고심하고 있다.[16]

또한 5학년 2학기 1단원 '우리나라의 경제 성장'에서 '세계 속의 우리 경제'를 다루면서 '나라와 나라 사이에 무역이 필요한 까닭'을 서술하고 있다.[17] 요컨대, 경제적인 상호의존의 사례로 무역의 의미를 학습하도록 의도하고 있다.

한편, 6학년 2학기 2단원 '함께 살아가는 세계'에서는 '지구촌 속의 우리나라'라는 소단원을 설정하여 글로벌 상호의존의 차원을 다루고 있다. 소단원 도입글을 통하여 교육내용의 아이디어를 제시하고 있다.

> 교통 · 통신 및 과학 · 기술의 발달에 힘입어 세계는 하나의 지구촌처럼 가까워지고 있다. 그러나 지구촌에는 아직도 식량 문제, 환경 문제, 인종 및 민족 간의 갈등 문제들이 해결되지 못하고 있다. 곧바로 우리들의 삶에 영향을 미치는 지구촌 여러 곳의 문제 해결을 위해 우리나라는 어떠한 노력을 하고 있는지 조사해 보고, 우리가 할 수 있는 일에 대해 토의해 보자.[18]

특히 해당 단원에서는 교통과 통신의 발달이 지구촌 사회 구성원들 사이의 상호작용을 촉진하고 있다는 점을 강조하고 있다.[19] 아울러, 이러한 교통과 통신의 발달은 과학 · 기술의 발달을 근간으로

---

16) 교육인적자원부, 2002a, 『사회 5-1』, 대한교과서주식회사, p. 118.
17) 교육인적자원부, 2002b, 『사회 5-2』, 대한교과서주식회사, p. 26.
18) 교육인적자원부, 2002c, 『사회 6-2』, 대한교과서주식회사, p. 90.
19) 교육인적자원부, 2002c, 『사회 6-2』, 대한교과서주식회사, pp. 94-95.

하고 있음을 서술하고 있다.[20] 요컨대, 6학년 관련 단원의 경우, 글로벌 상호의존 현상이 개개인의 일상생활에 변화를 가져왔다는 점을 드러내 보이고 있다. 동시에 글로벌 상호의존의 양상은 단지 긍정적인 차원만이 아니라 지구촌 사회의 문제를 발생시키고 있다고 보았다. 즉, '전쟁, 기아, 환경 등의 문제는 한 나라만이 아닌, 모든 지구촌 사람이 함께 힘을 모아야만 해결할 수 있다'는 점을 지적하고 있다.[21]

한편, 개정 7차 교육과정 시기 글로벌 교육의 내용 범위로서 '상호의존'의 의미 세계는 6학년 1학기와 2학기 모두에 걸쳐 나타나고 있다. 1학기의 경우, 2단원 '우리 경제의 성장과 과제'에서 IMF 외환위기 사례를 통해 그 의미가 잘 드러나고 있다.

> 최근 나라 간의 경제가 서로 긴밀하게 연결되면서 한 나라의 경제 위기가 다른 나라에 영향을 주는 경우가 많아졌다. 우리나라 역시 다른 나라의 경제 위기에 영향을 받아 경제적 어려움을 겪은 적이 있다.[22]

또한 이 단원에서는 '무역이 이루어지는 까닭'을 통해 나라 간의 상호의존 상황을 기술하고 있다.[23] 예컨대, ㉮ 나라와 ㉯ 나라 사이

---

20) 교육인적자원부, 2002c, 『사회 6-2』, 대한교과서주식회사, p. 96.
21) 교육인적자원부, 2002c, 『사회 6-2』, 대한교과서주식회사, p. 99.
22) 교육과학기술부, 2011a, 『사회 6-1』, 두산동아(주), p. 76.
23) 교육과학기술부, 2011a, 『사회 6-1』, 두산동아(주), p. 86.

[그림 2-1] 기후 변화로 인해 나타나는 현상

가 상호이익의 측면에서 경제적인 상호의존 관계를 형성하고 있음을 주목하고 있다.

한편, 같은 학기 3단원 '환경을 생각하는 국토 가꾸기'에서 '지구온난화와 환경 변화'에 주목하는 사례가 있다. 지구온난화로 인하여 기후 변화가 발생하고 그 영향이 세계 곳곳에서 관찰이 가능함을 이미지를 통해 잘 제시하고 있다([그림 2-1] 참조).[24]

특히, 지구온난화의 결과가 매우 국지적인 조건 속에서도 발생하고 있음을 '투발루의 환경 변화'를 사례로 하여 주목하고 있다. 이 경우는 글로벌 영향력이 상호의존 체계를 통하여 국지적인 상황에

---

24) 교육과학기술부, 2011a, 『사회 6-1』, 두산동아(주), p. 108.

서 관철되고 있음을 잘 드러내 보이고 있다. 즉, 글로컬(glocal) 국
면 속에서 상호의존의 사례를 전형화하고 있다.

> 투발루는 남태평양 적도 부근의 작은 섬나라로, 해수면이 높
> 아지면서 국토가 점점 바다에 잠기고 있다. 아홉 개 섬으로 구
> 성된 투발루에는 1만 1,000여 명의 사람이 살았다. 하지만 벌
> 써 섬 두 개가 물에 잠겨 사라졌으며, 밭은 이미 염전으로 변하
> 는 등 국토가 줄어들어 투발루 국민들은 다른 나라로 이민을
> 떠나고 있다. 이 나라는 지금도 매년 약 0.5~0.6cm씩 물에 잠겨
> 가는 중이다. 이 속도라면 투발루는 수십 년 안에 지구 상에서
> 아예 사라질 수도 있다. 투발루는 이산화탄소를 거의 배출하지
> 않는 나라이지만, 해수면이 높아지는 것을 염려해 이산화탄소
> 를 줄여야 한다고 전 세계에 호소하고 있다.[25)]

이 시기 6학년 2학기 2단원 '세계 여러 지역의 자연과 문화'에서
는 글로벌 상호의존의 상황이 매우 복합적인 관계 국면을 촉발시키
고 있음을 주목하고 있다. 이를테면, 글로벌 상호의존은 단순한 경
제적 교환에만 국한하는 것이 아니라, 문화와 산업 활동의 변동을
야기한다는 것이다.

> 옛날에는 자기 나라나 주변 지역에서 생산되는 물건과 식품

---

25) 교육과학기술부, 2011a, 『사회 6-1』, 두산동아(주), p. 109.

만으로 생활하였다. 그러나 지금은 교통과 통신의 발달로 한 지역에서 생산되는 것들이 전 세계의 여러 지역으로 이동되고 다른 지역에서 영향을 미친다. 그래서 쌀, 밀, 옥수수, 감자 같은 주요 농작물의 이동을 통해 세계 여러 지역이나 나라 간의 관계, 관련된 문화와 산업 등을 알 수 있다.[26]

글로벌 상호의존은 복합적인 현상이라는 점이며, 단지 경제적인 차원에만 머물지 않는다는 측면에서 내용 서술이 이루어지고 있다. 이러한 관점은 2학기 3단원 '정보화, 세계화 그리고 우리'에서 더욱 상세화되고 있다. 이 단원에서는 6학년 학습자들로 하여금 '세계화'의 의미를 다각적인 차원에서 고려할 수 있도록 의도하고 있다.

세계화는 각 국가의 경계가 약화되고 세계가 경제를 중심으로 통합되면서 상호의존성이 심화되고 있음을 뜻한다. 오늘날 세계화는 경제적인 관계뿐만 아니라 정치, 환경, 사회, 문화 등 다양한 측면에서 진행되고 있다. 세계 여러 나라가 교류와 협력을 원활히 하기 위해서 협상을 하게 되고 이에 따라 사람, 물건, 문화, 정보, 돈 등의 이동과 흐름이 자유로워지게 됨으로써 세계화는 더욱 빠르게 진행되고 있다.[27]

---

26) 교육과학기술부, 2011b, 『사회 6-2』, 두산동아(주), p. 76.
27) 교육과학기술부, 2011b, 『사회 6-2』, 두산동아(주), p. 101.

아울러 이러한 '세계화'는 부정적인 측면도 나타나고 있기 때문에 글로벌 쟁점의 해결이라는 차원으로까지도 사고되어야 할 사안이다. 정치, 경제, 환경, 문화 등 각 분야에서 합리적인 해결을 도모해야 할 처지이고 이것은 인류사회의 현안이 되고 있다.[28]

4. 결 론

지금까지 우리나라 글로벌 교육 현황 파악을 초등학교 사회과 교과서 분석을 통해 시도하였다. 상호의존 개념을 중심으로 글로벌 단원의 성립과 전개 과정을 추적하였다. 분석 결과를 보건대, 글로벌 단원의 성립 전야와 정초기 그리고 성장기로 시기 구분이 가능하였다. 성립 전야는 제5차 교육과정 시기까지로 '국제화'의 시각에서 상호의존의 교육내용이 서술되었다. 정초기의 경우, 제6차 교육과정 시기이며, 상호의존의 '지구촌 사회'를 다루고 있다. 성장기는 제7차 및 개정 7차 교육과정 시기이며, 글로벌 상호의존의 체계적인 인식을 도모하였다.

이상과 같이, 우리나라 초등학교 사회과 교과서의 경우 글로벌화의 추세를 교재화의 대상으로 삼고 있었다. 또한 사회현실의 변화 흐름과 마찬가지로 국제화 시대에서 글로벌 시대로의 이행을 보여주었다. 국제화 시대가 국민국가 중심의 패러다임이었다면, 글로벌

---

28) 교육과학기술부, 2011b, 『사회 6-2』, 두산동아(주), pp. 101-106.

시대는 다양한 사회 단위가 주체로 부각되었다. 즉, 국가사회 일변도에서 벗어나 개인과 집단, 시민사회 등이 글로벌 사회의 구성원이 되었다. 동시에 국제적인 관계 파악에서 벗어나 글로컬(glocal) 인식의 문제설정까지로도 나아가는 모습이 보였다. 향후 이렇게 글로벌 현실을 교재 구성의 양상으로 포섭하는 과정을 지속적으로 검토할 필요성이 있다. 아울러, 글로벌 상호의존의 교육내용이 수업사태 속에서 작동하는 방식에 관한 사례 연구도 요청되고 있다.*

---

* 2014년 『글로벌교육연구』, 6(1), pp. 47-60에 발표한 글을 수정 · 보완함.

제3장

교육과정에 나타난 다문화교육의 논리

1. 서 론

세계화의 추세가 가속화되면서 지구적 규모에서 인간의 이동이 일상화되고 있다. 자신이 태어나고 자란 곳을 떠나 다른 대륙, 국가 그리고 지역으로 이주하는 현상이 전 세계적으로 나타나고 있다. 인간의 이주는 필연적으로 문화의 다양성이라는 현실을 낳으면서 새로운 과제를 야기하고 있다. 한 사회 내부에서 지금까지 있어 왔던 문화와 이주자에 의해 전해진 새로운 문화 사이의 관계 설정 문제가 나타나고 있으며, 이러한 관계 양상이 바로 다문화현실이다. 다문화현실은 문화의 혼성성(hybridity)을 그 특징으로 하며, 서로 다른 문화 사이의 관계 설정은 정치적인 의사결정의 사안이다. 지금까지 있어 온 문화의 질서에 새로운 문화를 동화시킬 것인가, 아니면 서로 다른 문화 간의 차이를 인정하고 공존의 길을 모색할 것인가의 문제가 나타나고 있다. 다문화주의 관점은 문화 간의 차이는 선과 악, 우와 열의 문제가 아니고 단지 다름의 문제로 본다.

한국사회는 그 동안 단일민족신화에 의해 사회통합의 구심점이 강력하게 작동한 공동체였다. 하지만 최근 이러한 관점의 상대화 경향성이 나타나고 있다. 글로벌 경제의 체계화 속에서 이주 노동자의 유입, 국제결혼 가정의 증가 등으로 인해 국가 내부의 다양성 문제가 급속도로 부각되고 있다. 한국사회가 국가 정체성을 확립하는 과정에서 '순혈주의'를 고집할 수 없는 상황이며, 사회통합의 논리를 새롭게 구축해야 할 처지다. 한국사회가 급속도로 다문화사회

로 전환하면서, 기본적인 사회단위인 가족 수준에서도 다문화현실
이 나타나고 있다. 국내에서 국제결혼 가정의 증가 상황은 다문화
가정 및 자녀의 탄생을 낳고 있다. 특히, 최근에 와서는 다문화가정
의 자녀가 출생하고 성장하여 학교 교육을 받는 상태까지 왔다. 아
울러, 이주 노동자의 자녀가 학교에 입학하는 사례도 나타나고 있
다. 요컨대, 최근에 와서 다문화학교 및 교실의 등장으로 인하여 교
육현장에서 다문화교육의 수요가 증가하고 있는 추세다.

　다문화교육은 앞서도 언급하였듯이, 지구적 규모에서의 이주 현
상에 따른 다문화사회의 출현에 기초하고 있다. 세계화의 흐름에
노출되어 있는 국가들의 경우, 대다수가 다문화사회로의 전환이 이
루어지고 있다. 그래서 이들 국가에서는 서로 이질적인 문화의 접
촉 문제, 문화의 다양성을 고려하면서 사회의 통합을 추구하는 문
제에 대하여 정책적으로 관심을 가져왔다. 가장 전형적인 사회통합
의 기제인 학교 교육에서도 다문화주의의 관점이 확산되고 있다.
다문화교육은 사회구성원들 사이의 차이, 즉 '다양한 인종, 종족, 사
회계층, 문화 집단 출신의 학생들에게 평등한 교육의 기회를 만들
어 주는 것이 주된 목표'다.[1] 다문화교육의 기본 신념은 문화적인
차이들이 강점과 가치를 가진다고 보며, 학교 교육은 학생들이 다
양한 집단으로부터 배울 수 있도록 지식, 기능 그리고 가치·태도
를 제공해야 한다는 입장이다.[2] 이와 같은 다문화교육의 지향이 단

---

1) Banks, J. A., 2004a, Introduction, in Banks, J. A. & Banks, C. M. A. (Eds.),
　2004, *Handbook of Research on Multicultural Education*, John Wiley &
　Sons, Inc, p. xi.

지 몇몇 국가들에만 국한되는 특수과제가 이제는 더 이상 아니라는
것이 요즘의 추세다. 다문화사회로서의 자기인식이 이루어지고 있
는 국가들에서 학교 교육은 다문화주의의 관점을 반영하고 있으며,
우리나라의 경우도 마찬가지다. 이 글은 오늘날의 상황이 다문화시
대라는 점에 착안하면서, 초등학교 사회과교육에 다문화교육의 논
리가 어떻게 반영되고 있는지 현황을 파악하고, 앞으로의 과제 도
출에 논의의 초점을 두었다.

2. 다문화교육의 목적과 접근 방식

뱅크스(Banks)에 의하자면, 다문화교육의 중심 가치는 공평함
(equity)과 정의(justice) 그리고 문화 민주주의를 지향한다.[3] 이러
한 중심 가치는 다문화사회의 학생들에게 필요한 지식, 기능, 태도
의 형성을 통해 실현된다. 즉, 학생들이 다원적인 민주사회에서 능
숙하게 살아가는 데 필요한 지식, 기능, 태도가 요청되고 있으며, 이
러한 교육으로 이루어지는 마음 상태는 공공선을 위하여 작동할 시
민적·도덕적 공동체 창출에 기여한다. 즉, 다문화교육은 사회 내부
의 다양한 집단 출신자들과 상호작용, 교섭, 의사소통하는 데 필요

2) Gollnick, D. M. & Chinn, P. C., 2009, *Multicultural Education in a Pluralistic Society*, Pearson, p. 4.
3) Banks, J. A., 2004a, Introduction, in Banks, J. A. & Banks, C. M. A. (Eds.), 2004, *Handbook of Research on Multicultural Education*, John Wiley & Sons, Inc, pp. xi-xiv.

로 하는 지식, 기능, 태도의 형성을 추구한다. 다문화교육의 중심 가
치는 교육목적 차원에서 다음과 같이 구체화할 수 있다.

① 다문화교육은 개인으로 하여금 다른 문화의 관점을 통해 자
   신의 문화를 바라보게 함으로써 자기 이해를 증진시킨다.
② 다문화교육은 학생들에게 문화적 · 종족적 · 언어적 대안들을
   가르친다.
③ 다문화교육은 모든 학생이 자문화, 주류문화 그리고 타문화
   가 공존하는 다문화사회에서 요구되는 지식과 기능, 태도를
   습득하도록 한다.
④ 다문화교육은 소수종족집단이 그들의 인종적 · 신체적 · 문화
   적 특성 때문에 겪는 고통과 차별을 감소시키도록 한다.
⑤ 다문화교육은 학생들이 전 지구적이고 평평한 테크놀로지 세
   계에서 살아가는 데 필요한 읽기, 쓰기 그리고 수리적 능력을
   습득하도록 한다.
⑥ 다문화교육은 다양한 인종, 문화, 언어, 종교 집단의 학생들이
   자신이 속한 문화 공동체, 국가 시민 공동체, 지역 문화 그리
   고 전 지구 공동체에서의 역할 수행에 필요한 지식, 기능, 태
   도를 습득하도록 한다.[4]

---

4) Banks, J. A., 2008, *An Introduction to Multicultural Education(4th edition)*, Allyn & Bacon, 모경환 외 공역, 2008, 『다문화교육 입문』, 아카데미프레스, pp. 2-7.

한편, 다문화교육의 실제는 교육과정 상의 접근 방식에 따라 네
가지 유형으로 분류가 가능하다. 즉, 학교 교육과정의 실제에서 다
문화교육의 논리를 구체화하는 네 가지 접근 방식이 있다. 기여적
접근법(The Contributions Approach), 부가적 접근법(The Additive
Approach), 전환적 접근법(The Transformative Approach), 사회 행
동 접근법(The Social Action Approach)이 바로 그것이다.[5] 다문화
교육과정의 네 가지 유형은 기여적 접근법에서 사회 행동 접근법으
로 가면 갈수록 다문화교육의 논리가 강화되는 추세라고 볼 수 있
다. 기여적 접근법과 부가적 접근법은 기존의 교육과정 실제에 나
타나고 있는 질서 구조 내부에서의 입장이고, 전환적 접근법과 사
회 행동 접근법은 기존의 질서 외부에 위치한다. 전자의 경우는 다
문화교육의 관점이 학교 교육과정에 수용되는 과정에서 확인할 수
있는 접근법이고, 후자의 경우는 다문화교육의 논리에 기초하여 학
교교육과정을 재구조화한 상황이라고 말할 수 있겠다. 네 가지 유
형별 핵심 아이디어는 다음과 같다.[6]

---

5) Banks, J. A., 2004b, Multicultural education: historical development,
dimension, and practice, in Banks, J. A. & Banks, C. M. A. (Eds.), 2004,
Handbook of Research on Multicultural Education, John Wiley & Sons, Inc,
pp. 3-29.

6) Banks, J. A., 2007, Approach to multicultural curriculum reform, in Banks,
J. A. & Banks, C. M. A. (Eds.), 2007, *Multicultural Education: Issues and
Perspectives(six edition)*, John Wiley & Sons, Inc, pp. 247-269.

〈표 3-1〉 다문화교육과정의 유형

다문화교육 접근법	목 표
사회 행동 접근법	학생들은 중요한 사회 쟁점들에 대한 의사결정을 하고 그 해결을 위한 행동을 취한다.
전환적 접근법	교육과정의 구조는 다양한 종족 및 문화 집단들의 관점으로부터 학생들이 개념들, 쟁점들, 사건들 그리고 주제들을 볼 수 있도록 변경된다.
부가적 접근법	내용들, 개념들, 주제들 그리고 관점들이 교육과정 구조를 변경시키지 않고 추가된다.
기여적 접근법	초점이 영웅들, 공휴일들 그리고 개별적인 문화 요소들에 있다.

보다 구체적으로 네 가지 접근 방법이 함축하고 있는 아이디어를 살펴보자면 다음과 같다.

첫째, 기여적 접근법은 일종의 '계기 교육'의 차원과 유사하다. 중대한 시사 문제의 발생, 사회현안의 대두에 따라 '계기 교육'을 하는 것처럼, 다문화 관련 사안을 교육과정의 실제 차원으로 포섭하는 경우를 말한다.

둘째, 부가적 접근법은 교육과정 상에 사회적 요구를 반영하는 형태로서 각종 이해 집단의 요구를 국가 교육과정 속에 반영하는 과정에서 나타나는 양상으로, 기존의 교육과정 구조에 관련 사안을 첨가하는 형태다.

셋째, 전환적 접근법은 교육과정의 패러다임 자체를 다문화 관점에서 재구조화한 경우다. 이를 범교과적인 접근(across the curriculum)과 개별 교과교육의 접근으로 구분할 수 있다.[7]

넷째, 사회 행동 접근법은 사회적 쟁점에 대한 합리적인 의사결정과 이에 기초한 사회 행동의 숙고를 말한다. 예컨대, 인종 문제와 관련된 지식과 가치에 대한 탐구를 시도하고 합리적 의사결정 및 사회행동의 기초로 고려하는 것이다.[8] 사회 행동 접근법의 경우, 이미 사회과교육의 역사 속에서 의사결정학습 모형으로 널리 회자되고 있다. 다문화교육의 관점은 사회과교육의 논리 속에서 오래전부터 관철이 되어 왔음을 알 수 있다.

지금까지 주로 뱅크스(Banks)의 관점에 기초하여 다문화교육의 논리를 살펴보았다. 다문화교육의 중심 가치와 교육목적 그리고 다문화교육과정의 접근 방식이 가지고 있는 핵심 아이디어를 살펴보았다. 이상과 같은 다문화교육의 논리에 기초하여 이제 우리나라 초등학교 사회과교육의 현황과 과제를 살펴보고자 한다. 주로 2007년판 개정 교육과정의 내용을 중심으로 관련 논의를 집중시키고자 한다.

3. 다문화교육의 논리에서 본 사회과 교육과정의 실제

2007년판 개정 사회과 교육과정이 다문화교육과정의 전형이라고 보기에는 어려움이 있다. 다문화교육의 논리를 중심으로 하여

---

7) Tiedt, P. L. & Tiedt, I. M., 2005, *Multicultural Teaching: A Handbook of Activities, Information, and Resources*, Pearson.

8) Banks, J. A., with Clegg, A. A., 1977, *Teaching Strategies for the Social Studies: Inquiring, Valuing and Decision-Making*, Addison-Wesley Publishing Company, pp. 454-465.

교육과정이 개발되었다고 단언할 수는 없다. 즉, 우리 사회가 다문화사회가 되었기 때문에 사회과 교육과정을 개정한 것은 아니기 때문이다. 예컨대, 교육내용의 범위를 선정하는 과정에서 다문화주의의 관점이 지배적이라고 말할 수는 없다. 그러나 그렇다고 해서 개정 교육과정에서 다문화주의의 관점이 전면적으로 배제되지는 않았다. 다문화교육의 논리가 일정하게 수용되고 있으며, 이하의 논의는 이러한 수용 양상에 대한 고찰이다.

2007년에 문서로 공시된 국가 교육과정 총론에서 다문화교육의 입장은 다음의 경우에서 발견할 수 있다. '교육과정의 편성과 운영'에서 운영은 다음의 사항을 고려하도록 했다.

> 민주 시민 교육, 인성 교육, 환경 교육, 경제 교육, 에너지 교육, 근로정신 함양 교육, 보건 교육…… 고령 사회 대비 교육, 여가 활용 교육, 호국 · 보훈 교육…… 아동 · 청소년 보호 교육, 다문화 교육, 문화 예술 교육…… 등 범교과적 학습 주제는 관련되는 교과, 재량 활동, 특별 활동 등 학교 교육 활동 전반에 걸쳐 통합적으로 다루어지도록 하고, 지역사회 및 가정과의 연계 지도에도 힘쓴다.[9]

다문화교육은 교육과정 총론의 입장에서 볼 때, 교육과정 운영 시 고려 대상이며, 변화하는 사회의 요구를 반영하는 측면이다. 사

---

9) 교육인적자원부, 2007,『개정 사회과교육과정』, p. 23.

회 변화는 학교 교육에 새로운 요구를 제기하고 있으며, 교육과정은 이를 반영하고 있는데, 다문화교육의 요구 역시 마찬가지다. 교육과정 총론 상에 나타나고 있는 다문화교육의 관점은 뱅크스(Banks)의 접근 방식에 비추어 보자면 부가적 접근법을 따르고 있다.

한편, 사회적인 요구의 반영이라는 차원에서 다문화교육의 관점이 교육과정 실제에 반영되는 양상은 사회과 교육과정 해설서에서 더욱 구체적인 모습으로 나타나고 있다. 사회과 교육과정의 개정 배경에서는 '사회 환경의 변화'와 '국가 · 사회적 요구'에 주목하고 있다.

> 세계화 및 개방화와 같은 사회 변화 흐름에 따라 사회 내의 다양한 하위 집단의 독특한 사고 방식과 생활 방식에 대한 존중과 이해가 중요한 사회적 과제로 드러나면서, 배타적인 동질성과 획일적인 보편성을 추구하던 시대로부터 이질적인 문화의 독특성과 다원성을 중시하는 사회로 급속하게 이행하고 있다. 따라서 개정 사회과 교육과정은 이러한 세계화, 정보화, 개방화, 다원화 등과 같은 사회 환경의 변화에 부응할 수 있도록 교과 목표, 학습 내용, 교수 · 학습 및 평가 방법 등을 제시하고 있다.[10]

---

10) 교육과학기술부, 2008, 『초등학교 교육과정 해설(Ⅲ): 도덕 · 국어 · 사회』, 한솔사, p. 295.

세계화 및 개방화 현상 등이 가속화함에 따라 문화적 다양성
이 증가하는 다문화사회에 대비하여 문화적 다양성을 이해하
고 존중하는 교육이 필요하다. 따라서 개정 사회과 교육과정은
세계화 및 지식 정보 사회 대비, 저출산 및 고령화 대비, 역사
교육 강화, 다문화교육 실시 등의 국가 · 사회적 요구를 고려하
여 교과 목표, 학습 내용, 교수 · 학습 및 평가 방법 등을 제시
하고 있다.[11]

2007년판 사회과 교육과정에서는 개정의 이유 중 하나로 다문화
사회로의 전환을 주목하고 있다. 사회 변화의 현실을 고려하여 다
문화교육을 사회과 교육과정에 반영해야 한다는 입장인데, 그렇다
고 해서 다문화교육의 논리가 교육과정의 구조 자체를 개혁하는 수
준은 아니다. 다분히 부가적 접근법의 차원에서 다문화교육의 요구
를 받아들이고 있는 것이다. 기존의 사회과 교육과정에 다문화교육
의 논리를 첨가하는 식이다.

한편, 2007년판 사회과 교육과정에서 다문화교육의 함의를 보다
구체적으로 살펴보자면, 무엇보다도 교과의 성격 규정에 주목할 수
있다. 앞서 다문화교육과정의 접근 방식을 검토하면서, 예컨대 사회
행동 접근법의 경우 사회과 의사결정학습모형과 일맥상통한다는
점을 언급하였다. 사회과교육은 본질적으로 사회인식교과이기 때

---

11) 교육과학기술부, 2008, 『초등학교 교육과정 해설(Ⅲ): 도덕 · 국어 · 사회』, 한솔
사, p. 296.

문에 다문화사회의 현실에 주목을 해 왔던 것이다. 우리나라 사회
과 교육과정 역시 다문화주의의 관점에서 볼 때, 요청되고 있는 인
간 형성의 논리를 반영해 오고 있다.

> 사회과는 사회생활에 필요한 지식과 기능을 익혀 이를 토대
> 로 사회 현상을 올바르게 인식하고, 민주 사회 구성원에게 요
> 구되는 가치와 태도를 지님으로써 민주 시민으로서의 자질을
> 갖추도록 하는 교과다. 사회과에서 육성하고자 하는 민주 시민
> 은 사회생활을 영위하는 데 필요한 지식을 바탕으로 인권 존
> 중, 관용과 타협의 정신, 사회 정의의 실현, 공동체 의식, 참여
> 와 책임 의식 등의 민주적 가치와 태도를 함양하고, 나아가 개
> 인적 · 사회적 문제를 합리적으로 해결하는 능력을 길러 개인
> 의 발전은 물론 사회, 국가, 인류의 발전에 기여할 수 있는 자
> 질을 갖춘 사람이다.[12)]

사회과교육을 받은 사람은 인권을 존중하고, 관용과 타협의 정신
으로 사회 정의를 실현하는 마음의 소유자이며, 이는 다문화교육의
기본 가치이기도 하다. 사회과교육에서 추구하는 인간 형성의 논리
는 다문화교육의 목적과 친화성이 있는 것이다. 이러한 관점에서
볼 때, 다문화교육의 지향은 사회과에서 본질적으로 표방하고 있는
교육받은 마음 상태와 일치한다는 것을 알 수 있다. 교과의 성격 규

---

12) 교육인적자원부, 2007, 『개정 사회과교육과정』, p. 2.

정에서 나타나고 있는 다문화교육의 논리는 교육내용의 체계화 양
상에서도 확인이 가능하다.

개정 사회과 교육과정에서 교육내용은 범위와 계열의 차원에서
체계화되었고, 주제(혹은 토픽)와 핵심 아이디어로 나타난다. 학년
별, 내용 영역별 교육내용의 주제는 다음과 같다.[13]

〈표 3-2〉 2007년판 사회과 교육과정의 체계

학년	역사 영역	지리 영역	일반 사회 영역
3학년	• 우리가 살아가는 곳 • 사람들이 모이는 곳	• 우리 고장의 정체성 • 이동과 의사소통	• 고장의 생활문화 • 다양한 삶의 모습들
4학년	―	• 우리 지역의 자연환경과 생활 모습 • 우리 지역과 관계 깊은 곳들 • 여러 지역의 생활	• 주민 자치와 지역사회의 발전 • 경제생활과 바람직한 선택 • 사회 변화와 우리 생활
5학년	• 하나 된 겨레 • 다양한 문화가 발전한 고려 • 유교 전통이 자리 잡은 조선 • 조선 사회의 새로운 움직임 • 새로운 문물의 수용과 민족운동 • 대한민국의 발전과 오늘의 우리	―	―

---

13) 교육인적자원부, 2007, 『개정 사회과교육과정』, p. 4.

6학년	—	• 아름다운 우리 국토 • 환경을 생각하는 국토 가꾸기 • 세계 여러 지역의 자연과 문화	• 우리 경제의 성장과 과제 • 우리나라의 민주정치 • 정보화, 세계화 속의 우리

앞의 내용 체계에서 다문화교육의 논리로 접근이 가능한 경우를 보자면, 3학년에서는 '다양한 삶의 모습들', 4학년에서는 '사회 변화와 우리 생활', 6학년에서는 '세계 여러 지역의 자연과 문화' '우리나라의 민주정치' '정보화, 세계화 속의 우리' 등이다. 여기서 접근이 가능하다는 말은 해당 주제의 교육내용이 다문화교육의 맥락으로 반드시 상세화되어야 한다는 전제가 필수적이지 않다는 것이다. 다만, 교육과정 해설서에 나타난 단원 개관 및 교수 학습 내용을 보건대, 다문화교육의 논리가 다른 주제에 비해서는 보다 구체적으로 가시화될 수 있다. 교육과정 해설서의 교육내용 상세화 논의에 기초하여 다문화교육의 접근이 가능한 주제를 찾아본 결과다. 즉, 교육과정 해설서에서 학년별로 교육내용이 '단원 개관' 및 '교수 학습 내용'으로 구체화되었는데, 이를 기초로 하여 다문화교육 관련 주제를 추출하였다. 해당 교육내용의 주제가 어떤 아이디어로 표상되면서 다문화교육의 접근이 가능한지 논의하고자 한다.

먼저, 3학년 통합 단원 중 하나로 제시된 '다양한 삶의 모습들'을 살펴보도록 한다. 단원의 제목에서 시사하고 있듯이, 이 단원은 문화의 다원성 혹은 다양성 이해에 초점이 있다. 교육과정 해설서에 나타난 '단원의 개관'은 다음과 같다.

이 단원은 오늘날 이웃 간, 고장 간, 지역 간, 국가 간에 존재하는 문화의 특수성과 보편성 이해를 통해 자기 문화, 우리 문화에 대한 정체성 형성과 다른 문화에 대한 상호 존중의 마음을 가지게 하고자 설정하였다. ……이 단원에서는 이웃, 지역, 국가 간에 독특한 문화를 형성하게 된 자연적 · 역사적 배경을 추론하게 하고, 이를 통해 문화적 특수성과 보편성 사이에서 우리가 유지, 보호하고 개선해야 할 문화에 대해 보다 깊게 이해하는 데 초점이 있음을 유의한다.[14]

다양한 문화의 이해에 단원의 아이디어가 있으며, 문화의 사례는 일상생활의 모습에서 찾도록 했다. 이러한 단원의 아이디어는 '서로 다른 문화에 대하여 이해하고 포용하려는 태도를 갖는다'라는 '교수 · 학습 내용'에서 가장 분명하게 드러나고 있다.

우리 고장의 문화와 다른 지역의 문화의 종류와 형성 과정, 공통점과 차이점 발견을 통해 각각의 문화가 지닌 보편성과 특수성을 이해한다. 또한, 서로 다른 생각과 행동 양식을 가진 사람들에 의해 형성된 문화에 대해 보다 깊은 이해와 존중의 태도를 보이도록 한다. 이를 위해 고장의 범위를 넘은 지역, 국가 수준의 다양한 문화적 사례를 찾아 직간접적인 체험의 기회를

---

14) 교육과학기술부, 2008, 『초등학교 교육과정 해설(Ⅲ): 도덕 · 국어 · 사회』, 한솔사, p. 327.

제공하는 다양한 프로젝트 활동을 수업에 적용할 수 있다.[15]

'교수 · 학습 내용'에 나타나듯이, 문화의 다양성 이해를 위하여 삶의 터전에 대하여 관심을 기울인다. 학습자의 직접적인 생활 무대에 나타나고 있는 문화를 이해하고, 다른 문화와의 비교를 통해 '차이'의 이해와 관계 설정을 도모하고 있다. 여기서 다른 문화는 다른 지역의 문화, 다른 나라의 문화이며 비교를 통해 유사성과 차이점을 발견하고, 이에 기초한 삶의 태도 형성을 추구하고 있다. 요컨대, 학습자 자신이 살고 있는 생활공간의 문화를 이해하고 난 뒤, 지역 문화 및 민족 문화의 다양성 이해로 나아갈 수 있는 계기를 마련하고 있다. 이러한 사회인식의 과정은 다문화교육의 목적과 일맥상통할 수 있는 흐름이며, 다문화시대 시민교육의 논리이기도 하다.[16]

다음으로 4학년 '사회 변화와 우리 생활'의 경우를 살펴보자면, 학습자로 하여금 사회 변화의 현실을 직시하고, 이에 부응하는 삶의 태도를 형성시켜 주고자 한다. 앞서 3학년 관련 단원의 경우와 마찬가지로, 여기서도 인간 삶의 다양성에 주목하고 교육받은 마음의 자세를 확립하고자 한다.

15) 교육과학기술부, 2008,『초등학교 교육과정 해설(Ⅲ): 도덕 · 국어 · 사회』, 한솔사, p. 328.
16) 남호엽, 2004,「시민성의 공간과 정체성 교육의 논리」,『지리과교육』, 제6호, pp. 135-146.

이 단원은 우리 사회가 직면하는 다양한 사회 변화의 모습과 이러한 변화가 개인의 삶에 미치는 영향을 파악하고 대처 방안을 모색하고자 설정되었다. ……현대 사회의 가족 특성과 의미, 성 역할과 인구 구성의 변화를 파악하고, 대중 매체의 특성과 현대 사회에서 여가의 중요성에 대한 이해를 바탕으로 우리 사회의 다양한 사회 변화의 일반적인 경향을 파악하도록 한다. 주변에서 일어나는 사례를 바탕으로 사회 변화와 관련한 다양한 사회적 갈등과 문제를 합리적으로 해결하고 이를 실천하려는 태도를 갖도록 한다. 또한, 인간 삶의 다양성을 이해하고 사회적 약자의 권리를 존중하기 위한 태도를 갖도록 한다.[17]

이와 같은 '단원의 개관'은 '교수 · 학습 내용'의 진술을 통해서 더욱 구체적인 의미를 제시하고 있다. 다문화교육의 관점에서 볼 때, 가장 직접적으로 관련성을 가지는 항목을 보자면, 양성 평등의 사회와 사회적 약자 및 소수자 권리에 주목하는 경우다.

　② 성 역할이 변화하고 있음을 이해하고, 양성 평등의 사회를 만들기 위한 방안을 모색한다. 이 내용은 우리 사회의 전통적인 성 역할 변화 양상과 양성 평등한 사회 문화를 만들기 위한 다양한 노력을 이해하고 양성 평등한 성 역할에 기초한 사

---

17) 교육과학기술부, 2008, 『초등학교 교육과정 해설(Ⅲ): 도덕 · 국어 · 사회』, 한솔사, p. 340.

회생활 방안을 모색하기 위한 것이다. ……(중략)……⑥ 생활
방식의 다양성을 이해하고, 사회적 약자와 소수자 권리의 중요
성을 이해한다. 이 내용은 현대 사회에서 사람들이 영위하는
삶의 다양한 방식에 대하여 사회적 편견과 고정 관념을 갖지
않고 이해하도록 하며, 사회적 약자들의 권리를 인권 차원에서
파악할 수 있도록 하는 것에 주안점을 둔다. 예를 들어, 장애인,
이주 노동자, 새터민, 다문화가정 등 삶의 방식 차이나 사회적
차별로 말미암아 어려움을 당하는 구체적인 사례를 찾아서 그
원인을 조사하고, 이들의 권리가 지켜질 방안을 구체적으로 토
의하고 이를 실천할 수 있도록 한다.[18)]

 다문화교육의 중심 가치 중 하나가 공평함의 추구라고 볼 때, 젠
더 이슈 역시 다문화교육의 의제로 포섭될 수 있다. 가부장제 문화
가 강한 사회현실에 비추어 볼 때, 양성 평등의 쟁점은 한국의 다문
화교육을 사고할 때 필수적인 고려 사안이라는 것이다. 아울러, 편
견과 고정관념의 극복이라는 차원에서, 사회적 약자들의 위치를 이
해하고 이들의 권리를 존중하는 다문화교육의 과제가 제시되고 있
다. 즉, 다문화가족에 대한 이해, 장애인과 새터민 그리고 이주 노
동자 등과 같은 사회적 주체들이 우리 사회의 구성원으로 정당하게
역할 부여를 받고 함께 살아갈 수 있는 여지를 교육내용으로 포섭

---

18) 교육과학기술부, 2008, 『초등학교 교육과정 해설(Ⅲ): 도덕 · 국어 · 사회』, 한솔
   사, pp. 341-342.

하고 있다.

한편, 다문화사회의 현실을 직접적으로 다루고 있지는 않지만, 다문화교육의 배경을 조성하고 있는 교육내용의 접근 사례가 있다. 예컨대, 6학년 '우리나라의 민주 정치' 단원에서는 보편적인 인권 교육의 상황을 중심으로 민주주의 관념의 내면화를 의도하고 있다. 즉, '보편적 인권 의식에 기반하여 타인의 존재를 인정하고 공동체 생활에서 경험하는 다양한 차이와 갈등들을 민주적으로 해결하는 실천적 경험을 갖도록 학습 내용을 구성'하고 있다.[19] 학습자가 다원주의 사회의 구성원으로 살아가면서 마땅히 갖추고 있어야 할 품성, 즉 관용과 타협의 정신, 대화와 절차의 준수 등의 태도 함양을 직접적으로 의도하는 단원을 구성하고 있다. 이러한 '교수 · 학습 내용'은 이전 학년 단계에서 배운 다문화 사회인식의 경험이 매우 중요한 상황 근거로 작동할 수 있다. 즉, 6학년 학습자들이 다문화사회의 현실을 추상화된 합리적 사유의 대상으로 고려할 수 있는 여지를 만들고 있으며, 이는 다문화교육의 관점에서 볼 때도 의미 있는 상황이라고 볼 수 있다.

아울러, 6학년 '세계 여러 지역의 자연과 문화' 단원도 마찬가지의 의미 효과를 낳을 수 있다. 해당 단원은 세계지리 교육을 지구촌 학습의 관점에서 접근하고 있는데, 이러한 접근 방식 역시 다문화교육의 논리와 친화성이 있다.

---

19) 교육과학기술부, 2008, 『초등학교 교육과정 해설(Ⅲ): 도덕 · 국어 · 사회』, 한솔사, p. 360.

이 단원은 세계 여러 지역의 자연·인문 환경적 특성을 우리나라와의 지리적 관계를 바탕으로 이해함으로써 지구촌 사회의 다양성과 상호의존성을 이해하게 하는 취지로 설정되었다. 이 단원에서는 다양한 인종과 민족, 국가로 구성된 세계가 교통, 통신의 급격한 발달에 따라서 이제 하나의 '지구촌'으로 변화해 가고 있으며, 동시에 세계 여러 지역에는 정치적·경제적·문화적 다양성이 있고, 그리고 그 속에서 한국의 위상과 역할, 지구촌의 여러 지역에서 발생하는 갈등과 문제 해결 및 이를 위한 노력이 필요하다는 점을 이해시키려는 내용으로 구성되었다.[20]

이 단원을 충실하게 공부한 학습자라면, 우리 사회가 다문화사회로 전환한 이유를 '지구촌화' 현상에서 찾을 수 있을 것이다. 아울러, 글로벌 스케일에서 지구촌 사회는 문화의 다양성을 특징으로 한다는 성찰까지도 가능할 것이다. 이에 따라 '세계지리'에 대한 학습이 다문화교육의 논리와 맞닿아 있으며, 기존의 국제이해교육 차원을 시대의 변화에 맞게 재구조화하는 측면도 있다. 즉, 과거의 세계지리 학습은 타문화 이해 교육, 국제이해교육의 접근 차원에서만 사고가 가능했지만, 이제는 글로벌 시·공간에서 인간 형성의 논리가 재맥락화될 수 있는 것이다. 요컨대, 지구화 시대의 세계지리 학

---

20) 교육과학기술부, 2008, 『초등학교 교육과정 해설(Ⅲ): 도덕·국어·사회』, 한솔사, p. 360.

습은 다문화교육의 관점에서 디아스포라 주체의 탈신비화, 정체성
의 혼성적인 구성, 개방적 민족주의의 필요성 등을 학습자가 이해
할 수 있도록 재구성되어야 한다는 것이다.

지금까지 다문화교육의 관점에서 개정 사회과 교육과정의 내용
을 검토하였다. 검토한 결과, 다문화교육의 의제가 직접적으로 표출
될 가능성이 높은 단원도 있고, 간접적으로 배경 지식을 체계화시
키거나 관련 지식을 전이시킬 수 있는 단원도 나타나고 있다. 이러
한 상황을 정리하여, 2007년판 개정 교육과정에서 다문화교육의 지
형을 정리하자면 다음과 같다.

〈표 3-3〉 2007년판 개정 사회과 교육과정에서 다문화교육의 지형

학 년	주 제	다문화교육의 목적*	학습의 초점
3	• 다양한 삶의 모습	①⑥	학습자의 생활공간을 중심으로 지역문화와 민족문화의 다양성 이해
4	• 사회 변화와 우리 생활	②④	젠더 이슈와 소수자 권리 이해 (장애인, 이주 노동자, 새터민, 다문화가족 등)
6	• 세계 여러 지역의 자연과 문화 • 정보화, 세계화 속의 우리	⑤⑥	지구촌의 다양한 문화 이해, 지구촌 시대에 요청되는 삶의 자세

* 다문화교육의 목적 중 가장 직접적인 관련성을 기준으로 두 가지 선정한 것임.

4. 다문화교육의 관점과 초등 사회과교육의 과제

지금까지 2007년판 개정 사회과 교육과정을 사례로 하여 다문화교육의 현황과 과제를 살펴보았다. 교육과정 개정의 취지와 운영 방식에 나타난 바를 토대로 본다면, 다문화교육이 '부가적 접근법'에 의해서 다루어지고 있었다. 그러나 학년별 교육내용의 상세화 결과를 보자면, '전환적 접근법'과 '사회 행동 접근법'이 시도될 가능성이 나타나고 있다. 그러나 5학년 한국사 교육내용이 다문화교육의 논리를 반영하고 있다고 보기에는 어려움이 있다. 전통적인 한국사 교육의 논리에서 벗어나 있지 않고, 6학년 1학기의 내용이 5학년 전체로 확대된 양상을 보이고 있다. 이러한 상황에서 볼 때, 2007년판 개정 교육과정이 다문화교육의 관점에서 전면적으로 재구성되었다고 보기에는 어려움이 있다. 따라서, 부가적 접근에서 전환적 접근으로 이행하기 위한 과도기 상태로 국면 규정이 가능하겠다. 그렇다면, 다문화교육의 관점에서 향후 요구되는 과제는 무엇인가?

첫째, 무엇보다도 내셔널 히스토리 교육의 상대화가 필요하다고 본다. 역사교육은 과도한 민족주의 교육으로부터 탈피할 필요성이 있다. 물론 과거에 비해 현재의 교육내용은 지나친 국가주의로부터 벗어난 모습을 보여 주고 있지만, 다문화교육의 관점에서 재구조화의 가능성이 없지는 않을 것이다. 아울러 개정 교육과정의 경우, 지역사 교육 및 글로벌 역사교육의 차원이 명시적으로 보이지 않는

데, 이는 다문화교육의 관점에서 퇴보한 모습이라고 본다. 지역의 문화적 다양성을 이해할 수 있는 여지가 협소하기 때문이다.

둘째, 다문화교육의 관점에서 볼 때, 교육과정의 지역화는 더욱 강화되어야 한다고 본다. 초등학교 사회과에서 3학년과 4학년의 경우는 교육과정의 지역화가 이루어지고 있는데, 다문화시대에는 이러한 관행이 적극적으로 숙고되어야 할 것이다. 우리 사회가 다문화사회로 전환하는 과정에서 지역적으로 차별화된 모습을 보이고, 이러한 현실에 주목한다고 할 때 교육과정의 지역화는 새로운 차원으로 다가선다. 개정 교육과정에서는 '고장의 정체성'을 이해하는 독립적인 단원이 설정될 정도로 이 점에 주목하고 있는데 다행스러운 시도라고 본다. 예컨대, 경기도 안산시의 경우, 시청 차원에서 도시의 정체성을 다문화도시로 규정하고 있으며, 지역의 고유성을 글로벌 스케일에서 보아야 할 처지다. 지역의 고유성을 국가 내부에서만 보는 것이 아니라, 보다 확장된 공간 스케일에서 맥락화할 경우, 이는 다문화현실을 이해하는 데 유효성이 있을 것이다.

셋째, 사회과교육이 사회인식교과로서의 성격이 있다고 할 때, 사회인식의 대상으로 다문화현실에 주목하는 시도가 보다 본격화되어야 할 것이다. 학습자의 인식대상으로서 사회현상의 성질이 어떻게 작동하고 있는지 직시할 필요가 있으며, 이와 같은 문제의식에서 볼 때, 다문화사회 현상에 대한 고려는 선택의 문제가 아니라 필연적인 사안이라고 본다. 다문화적 관점을 가진다는 것은 사회병리 현상에 대한 예방 차원도 아니요, 동정심의 발로에서 기원하는 온정주의적 발상도 아니요, 당대를 살아가는 우리 모두가 가져야 할 자연스러운 삶의 형식일 것이다. 요컨대 현단계에서 사회과의 본질을 추구하는 입장이라면, 다문화교육의 논리는 그러한 본질 속에 담겨진 의미의 세계일 것이다.*

* 2009년『사회과교육연구』, 15(3), pp. 27-40에 발표한 글을 수정 · 보완함.

제4장

글로벌 시대와 영토교육의 재개념화

1. 서 론

글로벌 규모에서 인류사회 구성원들 사이의 상호작용이 활발한 오늘날이다. 지구 그 어디라도 이제는 고립적이지 않고 글로벌 연결의 일부가 되어 가고 있다. 거의 모든 국지적 장소들이 글로벌 영향력 아래에 놓여 있으며, 상호 영향력이 증대되고 있다.[1] 글로벌화는 사회현상과 자연현상을 논의할 때, 가장 중심적인 축이 되고 있다. 이러한 현실의 변화는 국경과 영토의 문제에서도 예외가 아니다.

국경과 영토의 문제는 국민국가의 최대 관심사 중 하나다. 국가는 근대사회에서 개인들 각자에게 가장 영향력이 있는 삶의 형식이다. 국가는 영토의 테두리를 다른 국가와의 관계 속에서 설정하고 내부 구성원들을 국민으로 호출한다. 대부분의 사람이 국가사회의 구성원으로서 근대적인 삶을 영위한다. 그런데 이러한 너무나도 자연스러운 생활양식에 변화가 오기 시작하였고, 그 변화의 원천에 글로벌화가 자리하고 있다.

글로벌화에 따라 그 위상이 과거에 비해 현저히 상대화된 실체가 바로 국가다. 국민국가의 스케일에서 당연시되었던 국경과 영토의 문제는 글로벌 시대에 와서는 새로운 사고의 대상이 되었다. 글로벌 시대에 영토 문제는 단지 국경을 마주하고 있는 이웃 나라와

---

1) Massey, D. & Jess, P., 1995, Places and cultures in an uneven world, in Massey, D. & Jess, D. (Eds.), *A Place in the World? Places, Cultures and Globalization*, The Open University Press, pp. 215-239.

의 관계 상황만으로 단순화할 수 없는 처지다. 모든 국지적인 장소
들이 글로벌 영향력과의 교섭 상태에 있으며 국민국가의 경계 역시
예외는 아닌 것이다. 그렇다면 글로벌 시대에 있어서 국경과 영토
에 관한 사고와 논의는 어떤 문제설정이 필요한가?

　지리학계에서 국경과 영토의 문제는 정치지리학의 관심사였다.
그런데 국경과 영토의 문제는 지정학(geopolitics)이라는 맥락 속에
서 학제적인 관심사로 부상한다. 그래서 이 문제가 꼭 지리학만이
유일한 탐구 주체라고 고집할 필요는 없다. 다만 글로벌화에 따른
지정학의 과제가 매우 지리적인 사유의 대상으로 위치 지워지고 있
다는 것이 필자의 판단이다. 최근 지정학은 재맥락화의 길을 걷고
있다. 지정학적인 사유방식에 변화가 오고 있다. 지정학은 단지 국
가 간의 경쟁에 관한 담론에만 머물지 않는다. 이제 지정학이란 단
지 국가의 보존에 관한 학문이 아니며, 개인, NGO, 테러리스트 그
리고 사기업 등 여러 주체가 다양한 영토에 대하여 복합적인 실행
과 표상을 도모하고 있는 것에 관심을 기울인다.[2]

　최근 지정학의 동향은 지정학 비전(geopolitical vision)의 모색에
서 새로움을 보여 주고 있다. 지정학 비전이란 '자신의 장소와 다른
장소 사이의 관계에 관한 어떤 아이디어이며, 안전(불안) 혹은 이익
(불이익)에 관한 느낌들을 포함하면서 집단적인 임무 혹은 외교 정
책 전략에 관한 관념들을 촉발'시키는 것을 말한다.[3] 글로벌화에 따

---

2) Flint, C., 2006, *Introduction to Geopolitics*, Routledge, 한국지정학연구회 역,
　　2007, 『지정학이란 무엇인가』, 도서출판 길, p. 42.
3) Dijkink, G., 1996, *National Identity and Geopolitical Vision*, Routledge,

라, 국가 중심의 고전적인 지정학 비전이 초국가적인 네트워크의 메타지리에 의해 상대화되고 있다. 즉, 지정학 행위자들은 국가를 대표하는 그 누군가가 아니라, 여러 사회 주체가 다양한 스케일에 서 서로 경쟁하고 있다.[4) 따라서 지정학 비전의 다차원성을 사고해 야 할 시점이며, 이는 영토교육의 전략 수립에서도 마찬가지다. 실 로 글로벌 시대 영토교육의 개념화와 실천 방향 모색은 지정학 비 전의 설정 문제 그 자체이기도 하다. 이하 논의에서는 영토교육을 지정학 비전의 차원에서 사고할 수 있도록 비판 지정학의 주요 개 념들을 논의한다. 특히 지정학 재현의 스케일이 가지는 다차원성에 주목하면서 영토교육이 재개념화될 수 있는 지반을 확보한다. 아울 러, 글로벌 시대 영토교육의 의미를 비판 문식성의 형성, 초국가적 인 주체 형성의 측면에서 재개념화하고 수업 실천의 가능성을 탐색 한다.

2. 지정학 비전의 재현과 스케일의 정치

1) 영역화와 재현의 지정학

주지하다시피, 우리가 흔히 말하는 영토는 국민국가의 권력에 의

---

p. 11.
4) Flint, C., 2006, *Introduction to Geopolitics*, Routledge, 한국지정학연구회 역, 2007, 『지정학이란 무엇인가』, 도서출판 길, pp. 258-260.

해 통제된 영역(territory)을 말한다. 영역은 지리학의 고유 개념으로 경계가 설정된 장소를 뜻한다. 장소는 영역 개념을 사고하는 출발점이다. 장소는 생활공간, 사회적으로 구성된 공간 등으로 개념화되고 있다.[5] 이때의 공통점은 의미가 부여된 공간이라는 점이다. 의미가 부여된 공간은 차별화된 공간을 말한다. 차별화되었다는 것은 경계가 만들어졌다는 것이며, 이때 경계는 사회적인 과정 그 자체다.[6] 따라서 경계는 힘에 의하여 움직일 수 있는 가변적인 속성을 가지고 있다. 경계는 자연화된 모습을 취하지만 고정불변의 것이 아니며, 이러하기에 영토교육의 전략 수립이 의미를 가진다.

경계가 가변적이기 때문에, 영역은 부단히 움직이는 성질이 있고 모종의 힘들, 여러 갈래에서 작동하고 있는 영향력들에 의하여 '영역화'의 행보를 만들어 간다. 즉, 영역화의 양상으로 영역은 지리 · 역사적인 현실의 모습을 취한다. 또한, 영역화는 영역성의 관철 양상이다. 여기서 영역성은 어떤 의도의 개입에 의해 만들어진 사회 질서다. 영역과 영역성의 의미에 비추어 보건대, 영토는 공간 전략의 산물이다. 영토는 국가 권력에 의해 근대사회에 만들어진 사회 질서로서, 영역성의 현실적인 모습이다. 영토가 공간 전략의 측면에

---

5) Castree, N., 2003, Place: connections and boundaries in an interdependent world, in Holloway, S. L. et al.(ed.), *Key Concepts in Geography*, Sage, pp. 165-185; Hubbard, P., 2007, Space/Place, in Atkinson, D. et al. (Ed.), *Cultural Geography: A Critical Dictionary of Key Concepts*, I. B. Tauris, pp. 41-48.

6) Paasi, A., 1999, Boundaries as social process: territoriality in the world of flows, in Newman, F. (Eds.), *Boundaries, Territory and Postmodernity*, Frank Cass, pp. 69-88.

서 사고되기에, 그것의 자연화 양상을 탈신비화할 수 있다. 요컨대, 어떤 전략이 누군가에 의하여 어떤 방식으로 나타나며 추구되고 있는지 사유할 수 있다. '영토 만들기'는 영역의 사회적 구성이라는 견지에서 해체적인 독해의 대상이다.

영토가 사회적 구성의 산물이라면, 즉 영토가 가변적인 대상이라면 이러한 영토의 의미화 과정을 추적할 수 있다. 지금 현재의 시점에서 이미 만들어진 영토는 지속적인 재생산의 기제를 확보할 것이다. 아울러 갈등 중인 영토의 경우, 보다 더 유리한 위치를 점유하기 위하여 투쟁할 것이다. 또한 잃어버린 영토의 경우, 그 회복을 위한 노력들이 현실화될 것이다. 이러한 영토 만들기 과정은 국경의 무력적인 점유 이외에도 다양한 이데올로기적 장치가 작동하고 있다. 앞서 언급한 바와 같이, 영토 만들기는 매우 복합적인 실행을 통하여 드러나고 있는 지정학 비전이다. 영토 만들기와 같은 영역화의 양상들은 현실적인 힘을 발휘하기 위하여 다양한 국면과 맥락들에서 담론 관행들로 재현된다. 즉, 누군가의 의도가 관철된 재현의 실행을 통하여 물질적인 효과를 생산한다. 이러한 영역화의 재현 과정은 필연적으로 지정학 비전을 가진다. 영역화의 재현은 특정한 위치에서 어떤 의미 효과를 추구하는 권력 의지의 산물이기 때문이다. 따라서, 우리는 영역화의 운동 양상을 추적하기 위하여 재현의 지정학이라는 문제설정을 도모할 수 있다.

대부분의 사람에게 영토의 확인과 실체화는 국경의 직접적인 관찰에 기초하지 않는다. 영토는 지리적인 재현의 구성물로서 개인들 각자에게 다가선다. 여러 가지 미디어와 사회적 관행을 통하여 개인들은 '민족'의 내용을 확인하고 그 속에서 지리 · 역사적인 경계를 각인한다.[7] 그런데 영토는 항상 주변 국가 및 지역들과의 관계를 드러내 보인다. 이에 영토는 단지 자연적인 경계의 드러냄이 아니라 영향력들의 주고받음이며, 일정하게 지정학 비전을 표출시킨다고 할 수 있다. 지정학 비전의 재현은 객관적이고 중립적인 표현이 아니다. 이것은 어떤 위치에서 의미 관계를 선택적으로 나타낸 것이다. 따라서 이 재현의 과정에서 무엇이 선택되고 무엇이 배제되었는지가 중요해진다. 또 무엇이 중심적이고 무엇이 주변적인지도 검토 사안이다. 아울러 어떤 맥락에서, 어떤 관계 구도에서 재현이 되고 있는가도 핵심적인 논점이다. 이렇게 지정학 재현에 관심을 기울이는 것은 영역화라는 지리적인 실행이 어떠한 의미 관계, 더 나아가 어떠한 힘의 관철인지를 규명하기 위한 작업 방식이다.

2) 지정학 재현의 스케일과 정체성의 정치

지정학 재현은 코드화의 산물이다. 왜냐하면, 지정학 재현은 무엇인가의 선택적인 배치이며, 일정한 규칙의 형성이기 때문이다. 그래서 지정학 재현의 내용을 두껍게 읽기 위하여 코드화의 양상을 보아야 한다. 요컨대, 지정학 재현의 의미를 규명하는 것은 코드화된 형식 질서를 해독하는 과정이다. 이때 지정학 재현의 내용 속에

---

7) 若林幹夫, 1995, 『地圖の想像力』, 정선택 역, 2006, 『지도의 상상력』, 산처럼.

담긴 관계와 맥락을 탐사하는 것이 관건이다. 즉, 지정학 비전으로
나타나고 있는 의미화 양상을 규명하는 것이다.

통상적으로 지정학 코드는 '한 나라가 세계를 향하여 자신을 투
사하는 방식'을 말한다.[8] 물론 이때 한 나라는 애국적인 개인의 사
고방식으로 드러날 수도 있고, 초국가적 시민단체의 글로벌 연대
추구 노력일 수도 있다. 지정학자 맥킨더(Halford Mackinder)는 세
계 지리 구도에서 지정학 재현을 시도한 사람으로 널리 알려져 있
다. 그는 유라시아의 북부와 내부를 심장부 지역으로 규정하고 이
지역을 차지하는 세력이 세계를 지배한다고 보았다. 그런데, 이러한
맥킨더의 표상은 가치중립적인 지정학자의 연구 성과라고 보기에
는 어려움이 있다. 맥킨더는 학자이기에 앞서 빅토리아 시대에 청
년 시절을 보낸 영국의 애국자였다. 해가 지지 않는 바다의 나라 영
국의 라이벌은 대륙의 독일이었다. 20세기 초 독일은 세계 대전을
통하여 해양 세력과 충돌하였다. 맥킨더가 보기에는, 독일이 동부
유럽을 점령하고 심장부 지역을 차지할 가능성이 높았다. 섬나라
영국의 입장에서 자국의 이익 추구는 대륙 지역에 대한 영향력 확
대에 달려 있기에 이러한 지정학 재현은 거의 생존 본능에 가까운
것이었다.[9]

---

8) Flint, C., 2006, *Introduction to Geopolitics*, Routledge, 한국지정학연구회 역,
   2007, 『지정학이란 무엇인가』, 도서출판 길, p. 102.
9) Defarges, P. M., 1994, *Inroduction à la Géopolitique*, Éditions du Seuil, 이대
   희 · 최연구 역, 1997, 『지정학 입문: 공간과 권력의 정치학』, 새물결, pp. 55-61.

동유럽을 지배하는 자가 심장 지역을 지배하고,

심장 지역을 지배하는 자가 월드 아일랜드를 지배하며,

월드 아일랜드를 지배하는 자가 세계를 지배한다.[10]

맥킨더의 지정학 재현은 다소 도식적인 구도에서 작동하고 있지만, 이는 바다의 시대에서 대륙의 시대로 이행하고 있는 세계사의 흐름을 영국인의 입장에서 사유한 결과물이다. 또한 동시에 유럽이라는 공간에서 독일을 견제하고자 하는 입장이었으며, 이러한 사고의 출발은 대영제국의 무궁함을 추구하는 애국주의의 발로였다. 맥킨더의 지정학 재현은 오늘날에도 영향력을 행사하고 있다. 심장부 지역은 비록 서구에서 보기에 문명의 오지이지만 지금도 전략적인 요충지로서 인식되고 있다.

지정학 재현의 스케일 사례로 프랑스 파리정치학교 이전의 경우도 주목할 수 있다. 얼마 전까지만 하더라도 프랑스는 파리를 중심으로 한 강력한 중앙집권국가였다. 프랑스의 정치 엘리트 양성소로서 파리정치학교는 당연히 프랑스의 심장인 파리에 있어야 했다. 그런데, 파리정치학교는 독일과의 접경도시 스트라스부르(Strasbourg)로 이전하였다. 파리에서 볼 때 스트라스부르는 동쪽 변방에 위치하고 있다. 왜 파리정치학교가 그곳으로 갔을까? 이러한 의사결정에는 지정학 재현의 변화, 즉 지정학 비전의 새로움이

---

10) Mackinder, H. J., 1942, *Democratic Ideals and Reality*, Henry Holt and Company; Flint, C., 2006, *Introduction to Geopolitics*, Routledge, 한국지정학연구회 역, 2007, 『지정학이란 무엇인가』, 도서출판 길, p. 45에서 재인용.

작동하고 있다. 프랑스는 이제 더 이상 중앙집권적인 정치질서를 가질 필요가 없어졌기 때문이다. EU 체제의 등장으로 인하여 프랑스는 주변 국가와의 관계를 고려하여 지방 분권의 형태로 가야 했다. 아울러, 프랑스의 정치 엘리트들은 더 이상 자국 내에서의 정치 지망생들이 아니어야 했다. 그들은 EU를 무대로 활동해야 하며, 그래서 EU 의회가 있는 스트라스부르가 배움의 장소가 된 것이다. 지정학 재현의 스케일에 변화가 오면서 파리정치학교 캠퍼스의 이전은 필연적인 선택이었다. 이제 파리정치학교 학생들은 정치적인 것의 의미 관계를 교섭하는 과정에서 지역과 국가 스케일의 범주에만 머무는 것이 아니라 대륙적(supranational) 스케일의 관계 구도를 고려해야 할 처지다. 그들은 EU라는 새로운 정치 질서 속에서 국가

[그림 4-1] '아마존을 구해 주세요': 글로벌 지정학 재현의 사례

와 지역의 이해관계를 사고해야 할 상황이다. 동시에 국가와 지역
의 입장에서 뿐만 아니라 EU라는 공동체의 이상과 현실을 적극적
으로 전유해야 할 상태인 것이다.

　[그림 4-1]은 1천여 명의 남미 원주민들이 2009년 1월 27일 브
라질에서 열린 '세계사회포럼'을 기념하여 포르투갈어로 '아마존
을 구해 주세요'라는 주장을 표현하고 있다.[11) '세계사회포럼' 역시
지정학 재현의 전형적인 사례다. 널리 알려진 바와 같이, 이 포럼은
스위스 다보스에서 열리는 '세계경제포럼'에 맞서 열린 대안모임이
다. 이 모임은 신자유주의 시각에서의 세계화에 반대하는 시민들의
자발적인 연대다. 모임 참여자들은 자신들의 삶의 터전이 글로벌
스케일의 일부라는 것을 알고 있으며, 자신들의 입장에서 장소 만
들기를 추구하고 있다. 이 모임의 행보는 반세계화 운동이며, 저항
의 지정학을 구축하고 있다.[12) 2009년 대회에서는 금융 위기의 근
원인 국제 투기 자본 비판, 아마존 삼림 파괴 반대, 소수 민족 인권
보호 등의 주장을 제기하였다. 이들은 글로벌 스케일에서 작동하는
자본의 운동이 지구촌 곳곳에 사는 사회적 약자들의 삶을 악화시키
고 있다는 인식 아래, 저항의 지정학을 추구하고 있다. 그리고 이러
한 저항의 지정학은 지구촌 곳곳에서 자율적인 시민들의 자발적인
선택에 의하여 조직화되고 있다. 각 개인이나 단체는 지정학 재현
을 공유하면서 각자 삶의 현장에서 네트워크에 기초한 글로벌 연대

---

11) 한겨레신문, 2009, 「아마존을 구하라」, 1월 28일자 기사.
12) Flint, C., 2006, *Introduction to Geopolitics*, Routledge, 한국지정학연구회 역,
　　2007, 『지정학이란 무엇인가』, 도서출판 길, p. 261.

의 흐름을 창출하고 있다.

지금까지 살펴본 세 가지 지정학 재현의 사례는 공간 스케일의 관점이 드러나고 있으며, 의미 추구의 양상은 정체성의 정치 국면 이다. 즉, 맥킨더의 경우, 국가 정체성의 강화라는 차원에서 세계적 규모에서 지정학 재현을 시도하고 있으며, 이는 자국 내 조직화된 노동계급에 대한 통제와도 결부되어 있다.[13] 아울러, 프랑스 파리 정치학교의 이전 상황은 오늘날 유럽 각국의 사람들이 추구하는 지 정학 재현이 달라지고 있음을 보여 준다. 파리정치학교 학생들에게 국가 스케일은 더 이상 자신의 정치 전략을 모색하는 확고부동한 구심점이 아니며, 이제는 EU 체제를 사고해야 할 처지다. EU 체제 가 되었기 때문에 프랑스는 파리 중심적인 발상에서 벗어나 각 지 역의 자율성이 중요해진다. '세계사회포럼'의 경우, 전 세계 NGO 모임의 글로벌 연대이며, 각자 살아가고 있는 삶의 터전에서 지구 적 차원의 사유를 전개시키고 있다. 지금 현재 나 자신의 삶의 문제 는 글로벌 연결의 일부이며, 그러한 문제의 해결을 위하여 연대의 네트워크를 형성한다. 그리고 이들은 국지적 장소의 정체성이 글로 벌 영향력에 의하여 소멸되는 것에 대하여 저항한다.

---

[13] Flint, C., 2006, *Introduction to Geopolitics*, Routledge, 한국지정학연구회 역, 2007, 『지정학이란 무엇인가』, 도서출판 길, p. 44.

3. 영토교육 의미의 재개념화

앞서 지정학 재현의 스케일을 검토하면서 관계 설정과 의미 추구의 전략으로서 정체성의 정치에 관하여 살펴보았다. 영토교육은 결국 미래 세대에게 지정학 비전을 심어 주고자 하는 목적의식적인 활동이다. 학습자가 지정학 비전을 가지도록 하는 것은 영토교육의 필연적인 귀결이다. 다만 논점은 어떤 관점과 맥락에서 이러한 의미 관계가 다루어질 것인가의 문제다.

1) 비판 문식성 형성과 영토교육

영토교육의 관점 수립에서 기존의 접근 방식은 외부의 침탈에 대응하는 애국주의 노선이다. 예컨대, 일본은 동해를 일본해라고 하고, 독도에 대한 영유권을 주장하고 있으며, 이 사실을 간과해서는 곤란하다는 식이다. 그리고 이러한 입장은 특정한 사회현상을 매개로 민족감정의 고양을 교육목표로 삼고 있는 것이다. 그러나 이는 정념에의 호소 혹은 감정적인 대응 능력의 차원에 머물고 있는 것이지 합리적인 지성의 함양이라고 보기에는 어려움이 있다. 글로벌 시대 영토교육의 방향은 배타적 민족주의의 고양이라는 측면에서 고착화되어서는 곤란하다. 배타적 민족주의에 함몰되면, 영토분쟁은 어떤 입장이라도 정당화될 수밖에 없다. 그래서 앞서 언급한 바와 같이, 관련 사안을 어떤 맥락 속에 위치시키며 어떤 전략적인 개입을 행할 것인지가 관건이다. 누구나 참여할 수 있는 의미 경합의 장소로 해당 사안들을 데리고 와서 이성적인 대화를 모색해야 할 것이다. 따라서, 영토교육의 논리는 관련 사안에 대한 감정적인 대응이 아니라, 비판 문식성(critical literacy)의 발달 관점에서 합리화되어야 할 것이다.[14]

비판 문식성 교육은 학생들로 하여금 언어와 권력 사이의 관계를 이해하고 개입하길 의도하는데, 비판적인 언어 인식을 겨냥한다.[15] 비판적인 언어 인식은 텍스트의 가변성을 이해하도록 한다. 즉, 텍스트는 구성되고 해체되는 대상이며, 다음의 세 가지 질문으로 구체화가 가능하다.[16] 왜 저자와 화자는 이러한 선택들을 했는가? 그 선택들은 누구의 관심사들에 기여하는가? 누가 사용된 언어에 의하여 힘이 부여되거나 혹은 그렇지 못한가? 비판 문식성의 논리에서 볼 때, 언어활동을 통해서 만들어진 의미 관계는 중립적이지 않고 일정한 가치 정향들을 가진다. 이러한 가치들은 상호 충돌하거나 힘겨루기를 행하는 헤게모니 질서의 구축 양상들이다.[17] 요컨대, 비

---

14) 조철기, 2007, 「인간주의 장소정체성 교육의 한계와 급진적 전환 모색」, 『한국지리환경교육학회지』, 15(1), pp. 51-64; Pahl, K. & Rowsell, J., 2005, *Literacy and Education*, Paul Chapman Publishing.

15) Janks, H., 2000, Domination, access, diversity and design: a synthesis for critical literacy education, *Educational Review*, 52(2), pp. 175-186.

16) Janks, H. (Ed.), 1993, *Critical Language Awareness Series*, Hodder and Stoughton and Wits University Press; Janks, H., 2000, Domination, access, diversity and design: a synthesis for critical literacy education, *Educational Review*, 52(2), pp. 175-186에서 재인용.

17) Shor, I., 1999, Introduction, in Shor, I., & Pari, C. (Ed.), *Critical Literacy in Action*, Heinemann Press.

판 문식성은 '접촉 지대'로서 만들어진 정체성 차이들에 초점을 둔다. 이 접촉 지대는 종종 비대칭적인 권력 관계들의 맥락에서의 사회적인 공간으로서 문화들이 만나고 서로 경합하는 장소다.[18] 결국, 비판 문식성 교육은 학습자들로 하여금 의미 관계를 힘의 역학 구도 속에서 보도록 하면서 동시에 실천적인 개입을 추구한다.

비판 문식성의 발달 측면에서 영토교육을 사유할 때, 적절한 사례로 동해 지명을 둘러싼 갈등에 주목할 수 있다. 누구나 마찬가지로 동해의 지명은 지도를 통해서 각인한다. 지도는 자명하고 객관적인 정보 그 자체에만 머물지 않는다. 지도는 일정한 재현 체계가 작동하며, 국제 관계의 경우는 전형적인 지정학 재현 사례. 요컨대, 영토 분쟁은 영토의 재현 갈등이라는 측면에서 사고할 수 있으며, 이러한 재현 속에는 지정학 비전이 담겨져 있음을 학습자들이 간파할 수 있도록 해야 한다. 아울러 재현의 지정학은 고정불변의 것이 아니라 맥락에 따라 가변적임을 확인하도록 한다. 이러한 영토교육의 논리를 핵심 활동을 사례로 제시하자면 다음과 같다.

〈표 4-1〉 비판 문식성의 발달과 영토 학습

• 동해 지명 재현의 상대성 확인하기 　- 우리나라 지도에서 동해 지명 확인하기 　- 일본 지도에서 일본해 지명 확인하기 　- 〈내셔널 지오그래픽〉 발행 지도에서 일본해와 동해 병기의 경우 확인하기

---

18) Pratt, M. L., 1991, Arts of the contact zone. *Profession '91.*, pp. 33-40; Shor, I., 1999, Introduction, in Shor, I., & Pari, C. (Ed.), *Critical Literacy in Action*, Heinemann Press에서 재인용.

• 동해 지명 재현의 가변성 확인하기[19)]
  - 일본해 표기 지명이 '반크'의 활동을 통하여 시정된 경우를 확인하기

• 동해 지명 재현의 역사를 탐사하고, 지정학 재현의 고고학 활동 수행하기
  - 세계 각국에서 발행된 고지도에서 동해 지명이 나타나는 상황 파악하기
  - 역사적인 시기에 따라 동해 지명의 변화가 생겼음을 이해하고, 왜 그러한
    지 추론하기

• 동해 지명 갈등의 합리적인 해결책을 모색하고 실천하기
  - 지명 재현은 힘의 역학 관계 반영임을 알기
  - 합의할 수 없는 갈등의 경우 상호이익의 측면에서 합리적으로 조정하기
  - 반크 회원들처럼 주요 현안에 관심을 가지면서 참여하기

이상과 같은 활동은 장소 재현의 정치를 학습자의 입장에서 이해하도록 한 것이다. 지도라는 매체가 품고 있는 의미 관계를 비판적으로 독해할 수 있는 기회를 제공하고 있다. 따라서 영토교육은 비판 문식성의 발달이라는 차원에서 개념화될 수 있다. 요컨대, 학습자들은 지정학 재현의 다차원성을 확인하면서 비판적인 관점을 형성할 수 있다. 이렇게 글로벌 시대 영토교육의 접근 방식은 민족 감정의 호소가 아니라 비판 문식성의 발달이라는 측면에서, 즉 여러 차원에서 등장하는 공간 전략들을 상대화시켜 낼 수 있는 지리교육의 논리로 재구조화될 수 있다.

---

19) 주강현, 2006, 『강치야 독도야 동해바다야』, 한겨레아이들, pp. 116-117.

2) 초국가적인 주체형성과 영토교육

앞서 언급한 영토교육의 논리는 근대의 패러다임 속에 영토교육을 함몰시키지 말자는 입장이다. 즉, 국민국가의 동질성 강화 차원만으로 영토교육을 수단시하지 말자는 관점이다. 앞서도 언급했듯이, 글로벌 시대에서는 민족주의의 재개념화가 불가피하다. 민족적 타자를 상정하고 내부를 순화시키는 과정으로 영토교육을 위치지울 경우, 정치적으로 악용될 소지가 있다. 글로벌 시대의 영토교육은 폐쇄적인 민족주의에서 벗어나 초국가적인 주체의 형성 관점에서 재개념화를 도모한다. 초국가적인 주체는 글로벌 환경 속에서 국경을 넘어 사회적인 삶의 조건들을 만들어 내는 사람들을 말한다.[20] 초국가적이라는 것은 민족국가의 테두리를 상대화시키는 일종의 공간 전략이며, 스케일의 정치 상황이다. 지리적 스케일은 이미 주어져 있는 정태적인 소여라기보다는 사회적인 프로세스 속에서 형성, 변화 그리고 재편성되는 상황이기 때문이다.[21]

예컨대, 학습자들은 독도를 사례로 한 영토교육에서, 관련 쟁점을 인식하고 문제해결을 모색하는 과정에서 스케일의 다층성을 고려하도록 한다. 영토 관련 사안을 민족국가를 매개로 배타적인 영역화의 관점에서만 경계 설정하는 것이 아니라 초국가적인 관계 구도 속에

---

20) 杉村美紀, 2010, 「아시아 고등교육의 트랜스내셔널 네트워크」, 최원식 외 편, 『교차하는 텍스트, 동아시아』, 창비, p. 204.

21) 山崎孝史, 2005, 「글로벌 스케일 또는 로컬 스케일과 정치」, 水內俊雄 편, 『空間の政治地理』, 朝倉書店, 심정보 역, 2010, 『공간의 정치지리』, 푸른길, pp. 48-74.

위치시키자는 것이다. 즉, 독도를 둘러싼 지리왜곡 현상을 극복하고
자 하는 일본 시민사회 진영과 연대할 수 있는 가능성을 전유하도록
한다. 다음의 기사 내용은 초국가적인 주체들 간의 교류와 협력을
통해서 영토문제를 해결할 수 있는 가능성을 보여 주고 있다.

  2008년 8월 20일, 독립기념관에서 일본 구마모토 방문단(단
장 다나카 노부유키)은 일본의 독도 영유권 주장은 부당하다는
내용의 성명을 발표했다. 이들이 속해 있는 일본 구마모토현
'한일 시민 교류를 진척시키는 모임'은 지난 1997년부터 한국
교류 충남 네트워크와 교류하면서 역사교과서 군위안부 교과
서 기술 삭제 반대 운동을 펼쳤던 일본의 양심적 NGO다. 이들
은 성명에서 '지난 7월 14일 일본 문부과학성이 발표한 중학교
신학습지도요령 해설서에 따라 일본 학생들은 한국이 일본 고
유의 영토인 다케시마를 불법 점거하고 있다고 배우게 되는 매
우 심각한 사태가 일어나게 된다'며 '일본 정부는 독도를 약탈
한 사실을 숨기려 하고 있다'고 지적했다. 게다가 방문단은 일
본이 또다시 군국주의의 길로 나가려 하고 있다고 비판하면서,
'내년부터 독도 영유권을 다룬 소학교와 중학교의 교과서 채택
이 시작되는데, 이러한 시기에 올바른 일한관계사를 일본인이
배울 필요가 있는 만큼 진실을 일본인들에게 올바르게 전해 나
가는 데 적극 나서겠다'고 밝혔다.[22]

---

22) 고경호, 2008, 「일본인이지만 日 독도 영유권 주장 부당」, 『대전일보』, 8월 20일

앞의 기사내용과 마찬가지의 입장에서, 도쿄의 교원단체는 최신 일본지리 교과서의 지리왜곡 현상을 비판하고 있다. 이 교원단체는 일본 중학교 지리교과서에서 독도가 자국영토라고 기술한 점은 오류이며, 이는 '감정적인 내셔널리즘'을 부추길 수 있다고 우려하고 있다.[23] 이상과 같은 일본 내 동향을 보면, 영토에 관한 진리를 국가가 담보하고 있지 않다는 점을 알 수 있다. 시민사회 쪽에서 볼 때, 국가의 영토관은 정치적인 편향을 가질 수 있다. 독도를 둘러싼 의미의 경합이 일본 사회 내부에서 펼쳐지고 있으며, 이는 독도 관련 영토교육의 스케일을 보다 확장시킬 수 있는 근거다. 독도의 지정학 재현에서 일본 시민사회와 연대할 수 있는 고리가 확보되는 것이다. 요컨대, 한일 양국의 양심세력들이 배타적 민족주의 교육의 역사적인 한계를 공유하고 갈등이 아닌 협력의 차원에서 영토교육의 재개념화를 추구할 수 있다.

이상과 같은 상황은 역사왜곡을 극복하는 동아시아 연대와 유사한 측면이 있다. 사실 이러한 연대의 모색은 평화의 무대로서 동아시아를 사고하는 일련의 시도들과 맞닿아 있다. 동아시아 주민들이 화해와 협력, 공존과 번영을 함께 사고하고 실천할 수 있는 계기의 마련이 절실한 이 시대에, 갈등의 전형인 영토문제를 해결하는 과정에서 초국가적인 관계 구축은 매우 중대한 시사점을 제기한다.

자 기사; 심정보, 2008, 「일본의 사회과에서 독도에 관한 영토교육의 현황」, 『한국지리환경교육학회지』, 16(3), p. 197.

23) 김도형, 2011, 「도쿄 교원노조 '독도 일본영토라 말할 수 없다」, 『한겨레신문』, 10월 28일자 기사.

학습자들이 이른바 국가주의의 한계를 벗어나 보다 보편적인 삶의
방식을 사고하고 실행할 수 있는 '다층적인 시민성' 함양의 측면에
서 그러하다.[24] 요컨대, 초국가적인 주체 형성의 측면에서도 영토교
육을 재개념화할 수 있다. 더 나아가 이러한 행보는 미래지향적인
삶의 단위로서 동아시아의 지역화를 위하여 지리교육이 주도할 수
있는 바를 숙고하는 과정이기도 하다.

4. 결 론

지금까지 글로벌화 시대에 있어서 지정학 비전과 영토교육의 재
개념화에 관한 논의를 전개하였다. 이 연구에서 영토교육의 전략
은 기본적으로 지정학 비전을 미래 세대에게 길러주고자 하는 입
장에 서 있다. 지정학 비전은 자신의 장소와 다른 장소 사이 관계
에 관한 사고방식이다. 글로벌 시대 지정학 비전은 민족국가의 테
두리에만 안주하지 않고 다차원적인 공간 스케일에서 작동하고 있
다. 아울러 지정학 비전은 힘의 역학 관계를 배경으로 하면서 사회
적인 관행 및 특정 장소의 경관들을 통해서 재현되는 속성이 있다.
요컨대, 지정학 비전은 주어진 소여라기보다는 사회적인 구성물이
다. 따라서, 지정학 비전의 재현 과정에서 다양한 입장들이 개입할

---

24) Stoltman, J. & DeChano, L., 2002, Political geography, geographical
   education, and citizenship, Gerber, R. & Williams, M. (Eds.), *Geography,*
   Culture and Education, Kluwer Academic Publishers, pp. 127-144.

수 있으며, 일정한 관계 설정과 의미 추구의 전략이 표출되기 마련이다.

이 연구에서는 영토교육의 의미를 비판 문식성의 형성, 초국가적인 주체의 형성이라는 차원에서 재개념화하였다. 이는 비판 문식성의 형성, 초국가적인 주체의 형성이라는 측면에서 학습자에게 지정학 비전을 길러 주자는 취지다. 두 가지 접근 방식의 공통점은 영토교육이 감정적인 대응의 상황으로 귀결되어서는 곤란하다는 입장이다. 차이점은 다음과 같다. 비판 문식성 형성으로서의 영토교육은 학습자들이 영토 관련 사안을 장소 재현의 정치 상황 속에서 이해하도록 한다. 즉, 지정학 재현의 다차원성을 확인하면서 비판적인 관점을 형성할 수 있다. 한편, 초국가적인 주체 형성으로서의 영토교육은 국가 스케일의 한계를 벗어나도록 재개념화한 결과다. 이 연구에서는 지리왜곡 현상을 극복하려는 일본 시민사회의 연대를 중시하였다. 즉, 동아시아 평화연대의 측면에서 초국가적인 주체들 간의 교류와 협력의 차원에서 영토 갈등의 질곡을 해소하자는 입장이다.

그동안 민족국가 구성원의 영토인식은 다양한 사회적인 관행을 통하여 근대적 주체로서의 국민형성에 초점을 두어 왔다. 오늘날 글로벌화의 추세는 사회 구성원들로 하여금 민족국가의 구성원으로 살아가는 것이 전부가 아닌 세상을 만들었다. 그래서 이제는 과잉 민족사회화에서 벗어나려는 시도가 확산되고 있다. 지리교육의 지향은 인간형성의 논리를 민족국가에로만 수렴시키는 방식을 지양해야 할 처지다. 이러한 지향의 한 사례로 영토교육은 배타적인

민족감정의 고양에 머물지 않고, 글로벌 시대 다층시민성의 함양
관점에서 재개념화가 불가피하다.*

---

* 2011년 『한국지리환경교육학회지』, 19(3), pp. 371-379에 발표한 글을 수정 · 보
  완함.

제2부

교육방법론

제5장

문제해결의 과정으로 본 글로벌 학습

1. 서 론

최근 한국사회 역시 글로벌화의 추세로부터 자유롭지 못하다는 점이 널리 공유되고 있다. 하지만, 학교현장에서 글로벌 교육의 수요가 체계적으로 수용되고 있는 상황은 아닌 것 같다. 국내에서 글로벌 교육의 도입은 몇 가지 주요 계기들이 있다. 먼저, 국제이해교육의 논의 과정에서 글로벌 교육이 다루어지는 경우다. 대표적인 사례로 권오정은 국제이해교육의 성격과 구조를 논의하면서 유사 접근 사례로 글로벌 교육을 주목하고 있다.[1] 널리 알려진 바와 같이 국제이해교육은 국제화를 배경으로 하며, 글로벌 교육은 글로벌화에 대한 반응이다. 국제화는 국가 간의 상호 이해에 초점을 두고 있으며, 매개의 주도권을 국가가 가진다. 글로벌화는 국가 간 교섭활동 이외에도 개인, 지역, 대륙 등 다양한 관계 국면들이 복합적으로 작동하는 현상이다. 따라서, 교육의 논리에서도 일정한 차이가 있다. 첫 번째 경우로는 국제이해교육의 논의 속에 글로벌 교육의 모티브가 일정하게 작동하고 있는 상황으로 정리할 수 있겠다. 두 번째 경우로는 최근 다문화교육의 논의 속에서 글로벌 교육이 다루어지는 경우가 있다. 다문화사회로의 이행 원인을 천착하는 과정에서 글로벌화에 주목하게 되었다. 글로벌 이주의 흐름이 한반도에 상륙하면서 단일민족국가의 환상이 파열되기 시작한 것이다. 요컨

---

1) 권오정, 1986, 『국제화시대의 인간형성』, 배영사, pp. 39-50.

대, 다문화교육을 통해 한국사회의 사회통합을 추진하는 과정에서
글로벌 교육에 주목하는 상황이 나타났다. 그리하여 이제는 글로벌
다문화교육이라는 발상이 확산되고 있는 추세다.[2]

이렇게 글로벌 교육은 국제이해교육 및 다문화교육 논의를 매개
로 하면서 널리 회자되는 측면이 있다. 물론 글로벌 교육을 독자적
인 맥락에서 사고하는 경우도 있는데, 이는 주로 전통적인 시민교
육의 연장선에서 글로벌 징후를 포착하는 과정이다. 그리고 이 경
우는 글로벌 교육의 해외 동향을 국내에 소개하는 형식을 가진다.[3]

보다 실천적인 입장에서 글로벌 교육을 다루는 경우의 대표적인
사례는 바로 초 · 중등 교과서의 경우다. 글로벌 교육의 수요를 반
영한 단원 개발이 대표적이다. 한편, 학교 단위 교육과정에서 글로
벌 교육의 구상을 실천하는 경우가 있는데, 매우 간헐적이고 체계
적이지 못하다. 이렇게 볼 때, 글로벌 교육은 국내에서 아직 계몽의
대상이고 규범적인 권고 상황에 머물고 있다고 판단할 수 있다. 현
장 실천의 입장에서 글로벌 교육을 사고하는 시도가 강화되어야 하
는데, 이것은 글로벌 교육방법의 천착을 통해 가능하다.

이 장에서는 글로벌 교육방법을 문제해결의 측면에서 사고하고
실제적인 접근을 시도하였다. 특히, 글로벌 쟁점을 교재화할 때, 단

---

2) 남호엽 외, 2010, 『글로벌 시대의 다문화교육』, 사회평론; 김용신, 2011, 『글로벌
  다문화교육의 이해』, 이담북스.
3) 손병노, 1996, 「미국의 지구촌교육 운동」, 춘천교육대학교 인문사회연구소, 『인문
  사회교육연구』, 창간호, pp. 234-268; 허영식, 2000, 『지구촌 시대의 시민교육』,
  학문사.

원의 전개 흐름을 문제해결의 과정으로 창출하였다. 이 연구에서는 교재 구성의 과정 및 결과가 타당성을 확보하면서 정당화될 수 있도록 실행연구의 접근법을 취하였다. 필자의 주관성에만 함몰되지 않도록 사회적인 소통의 과정 속에서 해당 사안이 가지는 의미 세계를 성찰적으로 검토하였다. 즉, 신교육과정에서 탄생한 고등학교 '사회' 과목의 자료 단원 개발의 상황으로 맥락화하였다. '사회' 과목의 자료 단원은 해당 교육과정의 정신을 상세화하는 교육과정 해설의 의의도 있다. 요컨대, 교육과정 정책 담당자의 기획 하에 관련 전문가들로 구성된 소집단에서의 공동 작업들을 배경으로 하고 있다. 이 소집단 내부에서 자료 단원의 합리화를 공동의 숙의 과정으로 추진하였고, 그 성과물은 현장 전문가를 통해 검토 받았다. 이상과 같은 흐름 속에서, 필자는 실행연구의 접근법을 취하면서 관련 연구 과제의 해결을 도모하였고, 그 과정 및 성과물을 정리하였다.

2. 문제해결의 논리로 글로벌 학습을 구상하는 이유

1) 교육목적 및 목표 측면의 논의

교육목적 및 목표 측면에서 글로벌 학습의 의미를 살펴보자면, 이것은 왜 글로벌 학습을 추구하는가의 사안이다. 대표적인 글로벌 교육 관련 민간기구인 옥스팜(Oxfam)의 경우, 글로벌 학습의 목적을 글로벌 시민성의 함양에서 찾고 있다. 이들에게 글로벌 학습의

의의는 젊은이들을 글로벌 시민으로 발달시키기 위하여 일련의 지식, 기능, 가치 및 태도 능력의 신장을 추구하는 것이다. 요컨대, 글로벌 학습은 다음과 같은 자질의 함양을 도모하고 있다.[4]

글로벌 시민교육은

- 질문을 제기하고 비판적 사고 기능을 개발한다.
- 젊은이들을 능동적인 시민으로서 참여시키기 위하여 지식, 기능 그리고 가치들을 배양한다.
- 글로벌 쟁점의 복잡성을 인식하도록 한다.
- 작은 마을 혹은 큰 도시에서 일상적인 국지적 삶의 일부로서 글로벌 차원을 인식하도록 한다.
- 우리가 환경 및 인간 상호 간에 관련되는 방식을 이해하도록 한다.

옥스팜의 지침에서 글로벌 교육의 지향을 보자면, 이것이 단지 글로벌 세상에 대한 관조에 머물지 않음을 알 수 있다. 옥스팜은 글로벌 실재를 쟁점으로서 파악하고, 비판적 사고 기능과 능동적 참여 과정을 통해 이 쟁점을 해결하는 과정으로 교육적인 정향을 설정하고 있다.

---

4) Oxfam, 2006, *Education for Global Citizenship: A Guide for Schools*, Oxfam GB, p. 4.

한편, 메리필드와 화이트(Merryfield & White)는 쟁점 중심 글로벌 수업의 목적 및 목표차원으로 '관점 의식'(perspective consciousness)이라는 시각을 강조하고 있다. 여기서 말하는 관점 의식이란 '특정한 쟁점 혹은 사안에 대한 다중적인 관점들을 인지하고, 검토하고, 평가하고 이해하는 능력, 자신의 신념, 경험 그리고 가치들에 기초하여 서로 다른 방식으로 쟁점 혹은 사건들을 지각하는 능력, 다중적인 관점의 지식으로 복잡성과 갈등을 이해하는 능력'을 말한다.[5] 즉, 글로벌 학습의 인식대상은 하나의 쟁점 상황이며, 이것은 다중적인 시각에서 갈등의 해결책을 마련해야 한다.

지금까지 옥스팜의 글로벌 교육 지침, 메리필드와 화이트의 입장을 통해서 살펴본 바와 같이, 글로벌 교육을 통해서 추구하는 인간상은 글로벌 쟁점의 합리적인 해결 능력을 가진 주체임을 알 수 있다. 글로벌 쟁점은 현대사회가 직면한 여러 문제들 중 하나이며, 이러한 문제의 해결을 도모하는 과정으로 시민의 소양을 사고할 수 있다. 따라서, 문제해결능력은 글로벌 교육의 지향으로서 위치 설정이 가능하다.

2) 교육내용 측면의 논의

글로벌 학습을 문제해결의 논리로 구조화할 때, 교육내용 차원에

---

5) Merryfield, M. M. & White, C. S., 1996, Issues-centered global education, in Evans, R. W. & Saxe, D. W. (Ed.), 1996, *Handbook On Teaching Social Issues*, NCSS Bulletin 93, p. 178.

서의 정당화 논의는 교육내용의 상황 맥락성에서 출발한다. 교육내용으로서 글로벌 쟁점은 무엇보다도 개별 사회과학의 전유물이 아니라 통합적인 사회인식의 대상이다.[6] 아울러, 전통적인 학문들은 이러한 쟁점들의 반성적인 분석을 위한 자원으로서의 역할을 수행한다.[7] 글로벌 쟁점의 이해가 학문의 성과 그 자체에 대한 학습이 아니라는 입장은 그 쟁점이 학습자의 경험세계에 그만큼 다가서 있다는 이야기다.

무엇보다도 중요한 것은 글로벌 쟁점의 이해는 학습자가 발 딛고 서 있는 생활공동체에서 이루어져야 한다는 점이다. 즉, '어린 학생들은 종종 먼 장소들을 확인할 수 없기에, 교사와 학생들은 글로벌 쟁점들을 자신들의 국지적 공동체에서의 사례 조사 아래 관계 짓는 능력 개발'이 요구된다.[8] 이 주장을 음미하자면, 글로벌 쟁점들은 학습자의 입장에서 매우 낯선 현상일 수 있고, 그래서 직접적인 생활의 무대인 지역사회 공동체에서 글로벌 쟁점을 확인하고 이를 학습의 대상으로 삼는 것이 중요하다는 발상이다. 이것은 지역에서 세계를 발견하자는 입장과 뜻을 같이한다고 여겨진다.[9]

---

6) Evans, R. W. & Saxe, D. W. (Ed.), 1996, *Handbook On Teaching Social Issues*, NCSS Bulletin 93; Parker, W. C., 2009, *Social Studies in Elementary Education*, Allyn & Bacon, pp. 205-206.

7) Massialas, B. G., 1996, Criteria for issues-centered content selection, in Evans, R. W. & Saxe, D. W. (Ed.), *Handbook On Teaching Social Issues*, NCSS Bulletin 93, p. 44.

8) Hill, A. D. & Natoli, S. J., 1996, Issues-centered approaches to teaching geography courses, in Evans, R. W. & Saxe, D. W. (Ed.), 1996, *Handbook On Teaching Social Issues*, NCSS Bulletin 93, p. 174.

메리필드와 화이트는 글로벌 학습에서 내용 선정의 근거로 다음을 전제로 하고 있다. 즉, '오늘과 내일 시민들에게 도전하고 관계되는 쟁점, 세계의 많은 사람들의 삶에 영향을 주는 쟁점, 국지 혹은 국가 맥락에서 적절히 이해되거나 혹은 전적으로 알려질 수 없는 쟁점, 직접적인 해결책 및 하나의 정답을 가지지 않는 쟁점'이 바로 그것이다.[10] 글로벌 학습의 내용으로 쟁점이 선정된다고 할 때, 그 것은 학습자의 생활세계에서 실존적으로 부딪히는 현실이며, 사회 구성원이 공동으로 해결을 추구해야 할 대상이다. 따라서 글로벌 학습의 내용론 측면에서 볼 때, 문제해결의 과정으로 단원의 전개 양상을 구조화하는 것은 필연적이다.

요컨대, 쟁점 중심의 글로벌 학습은 사회맥락의 구도하에 학습자들의 당사자적 관련성을 확보하면서 이들을 학습에 참여시킨다. 단지 지식의 관조가 아니라 유용한 사회행동으로 구체화되어야 하며, 이러한 행동은 인류가 직면한 딜레마의 해결 과정인 것이다. 이렇게 볼 때, 쟁점 중심의 글로벌 학습은 논쟁적인 사안에 대한 매우 응집력 있는 심층 사례 연구를 촉진하고자 하며, 이에 따라 단원 구성의 초점화가 필연적이다.[11] 즉, 쟁점 중심 접근은 피상적인 내용

---

9) 金鍾成, 2012, 「地域から世界を発見するグローバル学習の構想」, 『글로벌교육연구』, 제4집 1호, pp. 101-116.

10) Merryfield, M. M. & White, C. S., 1996, Issues-centered global education, in Evans, R. W. & Saxe, D. W. (Ed.), 1996, *Handbook On Teaching Social Issues*, NCSS Bulletin 93, pp. 177-185.

11) Onosko, J. J. & Swenson, L., 1996, Designing issue-based unit plans, in Evans, R. W. & Saxe, D. W. (Ed.), 1996, *Handbook On Teaching Social Issues*, NCSS Bulletin 93, p. 89.

을 광범위하게 가르치는 것이 아니라 사고의 깊이를 강조하는 측면에서 심층 사례 연구의 속성을 가지며, 그 구체적인 사고 과정의 창출이 글로벌 교육방법의 실천 과제다.

3) 교육방법 측면의 논의

앞서 옥스팜의 경우에서 언급한 바와 같이, 쟁점 중심의 글로벌 학습은 질문의 형식으로 사회현상을 마주하도록 한다. 아울러, 단지 질문을 학습자에게 노출시키는 데 머무는 것이 아니라, 그 질문에 지적으로 충실한 답변들을 제출하도록 가르친다.[12] 또한 쟁점 중심의 글로벌 학습에서 볼 때, 학교에서 가르치는 지식은 절대적이지 않고 잠정적인 본성을 가지며, 교수·학습과정은 직접교수의 형태보다는 능동적인 상호작용 및 문제해결 지향이다.[13] 엥글(Engle)과 오초아(Ochoa)의 경우, 이러한 상호작용 및 문제해결의 과정을 의사결정과 사회행동이라는 흐름으로 모델화하였다.[14]

또한 이러한 접근 방식은 시민교육방법의 계보 속에서 볼 때, 듀

---

12) Evans, R. W., Newmann, F. & Saxe, D. W., 1996, Defining issues-centered education, in Evans, R. W. & Saxe, D. W. (Ed.), *Handbook On Teaching Social Issues*, NCSS Bulletin 93, p. 2.

13) Ochoa-Becker, A. S.,1996, Building a rationale for issues-centered education, in Evans, R. W. & Saxe, D. W. (Ed.), 1996, *Handbook On Teaching Social Issues*, NCSS Bulletin 93, p. 13.

14) Allen, R. F., 1996, The Engle-Ochoa decision making model for citizenship education, in Evans, R. W. & Saxe, D. W. (Ed.), 1996, *Handbook On Teaching Social Issues*, NCSS Bulletin 93, p. 57.

이(Dewey)의 반성적 사고론에 기초하고 있다.[15] 요컨대, 듀이 학파에서 볼 때, 문제해결이란 학습자가 환경을 전유하면서 발생시키는 능동적인 사고 과정을 의미한다. 능동적인 사고활동의 차원에서 문제해결이 추구되고 있는데, 이러한 문제해결의 국면에서 가치딜레마 상황이 부각될 경우, 의사결정 및 그에 따른 사회행동이 구체화된다. 또한 문제의 사안에 따라 다채로운 사고활동들이 전개될 수 있으며, 이는 문제해결의 역동성을 반영하는 것이기도 하다.

여기서는 듀이의 반성적 사고론, 엥글과 오초아의 의사결정학습론을 기본 골격으로 하면서, 서웰(Sewell) 등이 제시한 창의적 문제해결모형을 적극적으로 고려하였다. 이들은 창의적 문제해결을 5단계로 제시하였고, 그 각각은 다음과 같다. ① 문제가 존재함을 인식하기, ② 문제를 명료화하기 위해 질문을 제기하기, ③ 창의적으로 문제를 해결하기 위하여 브레인스토밍하기, ④ 실행가능한 해결책을 결정하기 위하여 창의적인 아이디어들을 통해서 논리적으로 사고하기, ⑤ 해결책들을 실행하고 그 실행 과정을 반성하기.[16] 그리고 이러한 문제해결의 기본 구도 속에서 주요 국면별로 의사결정, 토의 및 토론, 비판적 사고 등 부차적인 과정을 주요 과정의 일부로 포섭하도록 하였다.

---

15) Dewey, J., 1910, *How We Think*, D.C. Heath and Company, 정회욱 역, 2011, 『하우 위 싱크』, 학이시습.

16) Sewell, A. M., Fuller, S., Murphy, R. C. & Funnel, B. H., 2002, Creative problem solving: A means to authentic and purposeful social studies, *The Social Studies*, July/August, pp. 176-179.

3. 연구방법: 프로그램 개발 실행 연구의 논리

실행연구는 실제의 개선을 위한 합리적인 성찰과 실천적인 개입을 주요 골자로 한다. 실행연구는 의학, 군사학, 경영학 그리고 교육학 분야 등에서 널리 시도되고 있는데, 이 분야들의 공통점은 이론과 실제 사이의 괴리 극복을 통하여 현실의 의미 있는 개선을 도모하고 있다는 점이다.[17] 여기서 개선을 위한 역량은 단지 주관적인 판단에만 머물지 않는다. 이 역량은 일정한 관행 공동체에서 구성원들 사이에서 실천적인 지혜의 공유와 합의라는 사회적인 과정을 거치기에 상호주관성을 근간으로 한다. 이러한 현장 개선의 과정은 계획 → 관찰 및 실행 반성 → 수정된 계획 → 관찰 및 실행 반성이라는 반성적인 순환 과정으로 정식화된다.[18]

한편, 이용숙 등에 의하면, 실행연구의 과정은 '개선을 위한 프로그램 개발단계에서의 연구과정'과 '개선대안의 현장 적용단계에서의 연구과정'으로 구분된다.[19] 이 연구는 두 가지 흐름 중에서 전자의 경우에 초점을 두고 있다. 이 과정은 다시 세 국면으로 구분할

---

17) Johnson, A. P., 2005, *A Short Guide to Action Research*, Pearson Education, p. 25.
18) Kemmis, S. & McTaggart, R., 1988, *The Action Research Planner*, Deakin University Press, p. 11; 최의창, 1998, 「학교교육의 개선, 교사 연구자 그리고 현장 개선 연구」, 이용숙·김영천 편, 『교육에서의 질적 연구: 방법과 적용』, 교육과학사, p. 570에서 재인용.
19) 이용숙 외, 2005, 『실행연구방법』, 학지사.

〈표 5-1〉 프로그램 개발의 실행 과정

실행 과정		내 용
① 문제를 분명히 하거나 문제의 원인을 찾기 위한 자료 수집과 분석		• 고등학교 통합사회 과목의 정신을 구현하는 단원별 수업 자료 개발의 요구 • 고등학생 대상 쟁점 중심 글로벌 수업을 위한 자료단원 개발
② 개선 프로그램 (대안) 개발을 위한 자료 수집과 분석	'논거 개발'	• 통합사회 과목의 설정 취지 고려 • 쟁점 중심 글로벌 교육의 논리와 접근 방식 고려
	'구체적 목표설정'	• 문제해결형 단원의 흐름과 구조 전략화 • 'V. 미래를 바라보는 창-(나) 지구촌과 지속가능한 발전' 사례 단원의 자료 개발 • '지구온난화 문제의 인식 및 해결하기'라는 주제 설정
③ 개선 프로그램 (대안)의 개발: 단원 구성	주제 개요 작성	• '지구온난화 문제의 인식 및 해결하기'라는 주제의 단계, 세부 주제, 핵심 교수·학습 활동 선정 • 교육과정 정합성 평가: 연구진 공동 숙의
	1차 프로그램 개발	• 1차 프로그램의 주제 개요와의 정합성 평가 • 연구진 공동 숙의 개선점 도출, 외부 현장전문가 의견 수렴
	2차 프로그램 개발	• 2차 프로그램에서 이전의 개선점 반영 여부 평가 • 2차 프로그램에 외부 현장 전문가 검토 의견 반영
	3차 프로그램 개발 및 확산	• 외부 현장 전문가의 검토 의견을 3차 프로그램에 반영 • 교사연수를 통해 3차 프로그램의 전국적인 확산 시도

수 있으며, 기본 단계는 다음과 같다. ① 문제를 분명히 하거나 문제의 원인을 찾기 위한 자료 수집과 분석 → ② 개선 프로그램(대안) 개발을 위한 자료 수집과 분석: '논거 개발'에서 '구체적 목표설정'

까지 → ③ 개선 프로그램(대안)의 개발: 단원 구성.[20] 각각의 단계별로 실제 실행 상태를 확인하자면 〈표 5-1〉과 같다.

〈표 5-1〉과 같은 필자의 프로그램 개발 과정은 연구진 전체의 공동 연구 상황을 매개로 하고 있다. 교육과정 내용 영역별로 연구·개발 담당자가 있으며, 필자는 '미래를 바라보는 창' 영역의 담당자로 참여하였다. 이 공동 연구 프로젝트는 교육과학기술부의 의뢰로 이루어졌으며, 교육과정 공시 이후 해당 교육과정의 해설이라는 의미를 가졌다. 교과서 개발과는 별도로 교육과정 상의 아이디어를 현장교사의 입장에서 실천적으로 이해할 수 있도록 의도하였다. 여기서 '실천적'이라는 함의는 현장교사가 수업시간에 활용이 가능한 교수·학습 자료의 제공을 말한다. 따라서, 공동 연구 프로젝트는 교육과정의 상세화 과정을 통해 현장 친화적인 자료 단원을 개발하는 과정이라고 할 수 있다.

4. 고등학교 통합사회 과목의 구조와 자료 단원 개발의 과정

1) 통합사회 과목의 성격과 교육내용

여기서 주목하는 통합사회 과목의 공식 명칭은 고등학교 선택 교

---

20) 이용숙 외, 2005, 『실행연구방법』, 학지사, pp. 366-383.

육과정의 '사회' 과목이다. 고등학교 사회과의 여러 과목 중 하나로 '사회'라는 명칭의 과목이 만들어졌다. 과거 고등학교 1학년 대상 '사회' 과목을 '상' '하'로 나누어 가르치면서, 교육과정 실행 관행으로서 '사회(상)'은 '한국지리', '사회(하)'는 '일반사회'로 변해 버렸다. 아울러 7차 교육과정 시기에 와서 한국사가 독립 과목이 되었다. 이러한 상황은 수요자, 즉 학습자의 입장에서 볼 때, 과거에 비해 사회과 관련 교과목의 수가 증대된 것으로 받아들여졌고, 교육당국은 과목 수의 축소를 정치적으로 요구하게 되었다. 또한 중학교를 졸업한 학습자들이 고등학교에 와서 곧바로 미시적으로 분화된 사회과학 교육을 받고 있어 교육적으로 부적절하다는 지적도 제기되었다. 이상과 같은 일련의 현실을 배경으로 하면서 과목 수의 축소에 기초한 학습부담의 완화, 중학교 사회과와 고등학교 사회과 사이의 유기적인 연계성의 확보 등을 추구하면서 통합교과목으로서 '사회' 과목이 2012년 3월 선택 교육과정으로 개발·공시되었다.[21]

고등학교 선택 교육과정의 '사회' 과목은 일반 교육(general education)으로서의 교과 성격을 분명히 하면서 교육의 논리를 강조하고 있다. 학문의 자기목적화 관점에서 교육내용을 이해하는 것이 아니라 학습자의 삶에서 유의미성을 찾고 있다.

고등학교 선택 교육과정의 '사회'는 학생들이 사회 구성원으

21) 차명호 외, 2012, 『2011 통합 '사회' 교육과정 시안 개발 연구』, 교육과학기술부; 교육과학기술부, 2012, 『고등학교 사회 교육과정』.

로서 갖추어야 할 최소한의 사회적 소양을 함양하기 위한 과목
이다. 따라서 이 과목은 중학교 사회에서 배운 내용을 토대로
학생들이 통합적인 시각을 가지고 자신의 삶에 영향을 미치는
다양한 사회 현상을 바라보는 능력을 기르는 데 중점을 두고
있다.[22]

'사회' 과목은 학습자들이 '사회 전반에 대한 이해'를 도모할 수
있도록 하며, '다양한 공간 안에서 나타나는 사회현상이 복합적임
을 파악하고 그에 따라 자신의 삶을 어떻게 설계해야 하는지를 다
각적으로 파악'해 보도록 하고 있으며, 교육내용의 체계는 다음과
같다.[23]

〈표 5-2〉 고등학교 '사회' 과목 내용 체계

영 역	내용 요소
사회를 바라보는 창	• 개인 이해 • 세상 이해
공정성과 삶의 질	• 개인과 공동체 • 다양성과 관용 • 삶의 질과 복지
합리적 선택과 삶	• 고령화와 생애 설계 • 일과 여가 • 금융 환경과 합리적 소비
환경 변화와 인간	• 과학기술의 발달과 정보화 • 공간 변화와 대응 • 세계화와 상호 의존
미래를 바라보는 창	• 인구, 식량 그리고 자원 • 지구촌과 지속가능한 발전 • 인류 미래를 위한 선택

22) 교육과학기술부, 2012, 『고등학교 사회 교육과정』, p. 1.
23) 교육과학기술부, 2012, 『고등학교 사회 교육과정』, p. 2.

'사회' 과목은 크게 다섯 가지 내용 영역으로 나뉘어 있으며, 통상적으로 지리 영역과 일반사회 영역이 통합되어 있지만 역사적인 관점이 배제된 것은 아니다. 다섯 가지 영역은 각각이 하나의 대단원을 구성할 수 있는 요소이며, 각 영역별로 두세 가지의 중단원이 있고, 각 중단원별로 핵심 아이디어, 이슈 또는 문제 예시, 탐구활동 및 논술 예시 등이 제시되었다. 통합적인 교육내용의 구성방식을 취하고 있으며, 교육내용을 '이슈 또는 문제'를 중심으로 응집하고 있는 양상이다. 따라서 '사회' 과목의 경우, 사회과의 계보 중에서 쟁점 중심 접근법을 취하고 있다고 판단할 수 있다.

2) 사례 자료 단원 개발의 과정

(1) 주제 개요 작성

'미래를 바라보는 창' 영역 중 '지구촌과 지속가능한 발전' 내용 요소를 사례로 자료 단원을 개발하였다. 자료 단원 개발의 실제에 앞서 교육과정 상의 성취 기준을 파악하였다. 이 성취 기준은 관련 내용의 핵심 아이디어와 위계 수준을 파악할 수 있도록 한다. 교육과정 문서에 나타난 성취 기준은 다음과 같다.

③ 자연환경의 변화에 따른 문제(지구온난화, 사막화 등)의 원인과 실태를 탐색하고, 다양한 자료를 활용하여 자연환경 및 기후 변화가 인간의 삶에 미치는 영향을 파악한다.

④ 지구촌 문제에 대한 다양한 입장(예: 선진국과 개발도상국

의 입장 차이 등)을 이해하고, 지속가능한 발전을 위한 지구촌
의 협력 방안을 모색한다.[24]

다음으로 자료 단원의 기본 설계도로서 주제 개요를 다음과 같이
작성하여 상호 검토하였다. 해당 단원의 흐름은 앞서 언급한 바와
같이 문제해결 과정을 추구하고, '지구온난화 문제의 인식 및 해결

〈표 5-3〉 주제 개요

단계		세부 절차	학습활동	자료 번호
I	문제 인식 및 체계화	① 문제가 존재함을 인식하기	- 극지방의 얼음면적, 영구동토층 감소, 해수면 상승에 따른 생태계와 인간생활의 변화 현상 파악	1
		② 문제를 명료화하기 위해 질문을 제기하기	- 극지방 환경 변화의 원인은?: 기온 상승 - 기온 상승의 원인은?: 지구온난화 - 지구온난화의 원인은 무엇인가?	2
II	해결책 모색	③ 창의적 문제해결을 위한 브레인스토밍하기	- 지구온난화 문제해결 방법들로 무엇이 있는지 다각적으로 모색하기	3
		④ 실행가능한 해결책을 결정하기	- 지구온난화 문제해결책 중 최선의 방안은 무엇인지 의사결정하기	4
III	최선 해결책 실행	⑤ 해결책을 실행하고 그 실행 과정을 반성하기	- 결정한 최선의 해결책을 실행 및 반성하기 : 가정 및 지역사회에서의 실행 전략 및 평가 : 국제 사회의 실행 사업 검토 및 평가	5

---

24) 교육과학기술부, 2012, 『고등학교 사회 교육과정』, p. 15.

하기'라는 주제를 설정하였다. 주제 개요는 연구진 전체 회의를 통하여 상호 검토를 시도하였다. 교육과정과의 관련성, 논리적인 오류의 문제 등을 주로 다루었으며, 결정적인 한계가 없는 경우는 단원 개발의 사례를 통하여 그 정합성 여부를 판단하기로 했다.

(2) 1차 프로그램 개발 및 반성: '글로벌 관계 국면의 진정성을 둘러싼 소통'

주제 개요에 대한 상호 검토가 완료된 뒤, 연구진 각자는 자신에게 할당된 단원의 자료 개발에 착수하였다. 필자는 '지구온난화 문제의 인식 및 해결하기'라는 주제의 자료 단원을 문제해결의 상황으로 설정하고, 흐름별 학습활동과 자료 예시를 구성하였다 (〈표 5-4〉 참고).

1차 프로그램 개발 결과의 공유 과정에서 부각된 개선점은 5번 자료의 경우다. 즉, 필자는 국제기구의 해결책을 별도로 제시하지 않고, 지역사회의 사례 속에서 관련 사안을 다루었다. 일본 시코쿠 지역 고우치현 유스하라초우의 지역 만들기 사례를 자료로 제시하였다. 이 지역의 경우, 생태친화적으로 지속가능한 지역을 창출한 전형적인 사례이고, 이러한 변신의 외적 요인으로 리우회의와 FSC 산림인증제도가 자리하고 있었다. 그러나 이러한 시도가 연구 검토진들 사이에서 수용되지는 않았는데, 그 이유는 글로벌 규모에서의 해결책에 대한 자료 제시가 충분하지 못하다는 지적 때문이었다. 필자의 의도는 지역에서 글로벌 관련성을 다루자는 취지였지만, 글로벌 요인의 개입 양상이 불충분하다는 지적을 받았다. 그리고 이러한

〈표 5-4〉 학습 활동과 자료 예시

자료 번호	학습 활동	자료 예시
1	일상생활에서 지구온난화 문제를 인식하기	1-1. 한반도의 기후 변화 사례 • 제주 지역 기후 변화 관련 신문 보도 자료 1-2. 극지방의 환경 변화 사례 • 알래스카 영구 동토층 가옥의 붕괴 경관 사진
2	지구온난화 문제의 근본 원인 분석하기	2-1. 기후 변화의 핵심 요인은 지구온난화 현상 • 기온 상승에 따른 지구온난화 현상(1861년 이후 기온 상승의 장기 추세 그래프) • 기온 상승 원리: 온실효과의 의미(과학적인 사실을 이야기로 풀어 내기) 2-2. 이산화탄소 발생 증가 원인 • 화석연료 과다 사용 및 열대우림의 파괴
3	지구온난화 문제의 해결 방안을 모색하기	3. 지구온난화 문제해결의 방법 • 세계 전력 생산에서 화석 연료와 재생에너지 사용 추세 • 다양한 재생에너지의 종류와 특징, 국가별 접근 현황
4	지구온난화 문제를 해결할 수 있는 최선의 방안 선택하기	4. 지구온난화를 극복할 수 있는 에너지 생산 방법 • 합리적인 의사결정 과정 모색: 다양한 선택 대안 (풍력, 수력, 태양광, 바이오 등)과 예상되는 결과 • 의사결정의 기준: 지속가능성, 의사결정나무 사용
5	지구온난화 문제해결책 실행 및 반성	5-1. 개인 및 가정 • 개인의 행동이 온실가스 배출에 미치는 영향: 개인 활동이 연간 기준으로 이산화탄소 방출을 줄일 수 있는 양 비교 5-2. 지역사회 • 지자체 수준에서 지구온난화 문제해결 노력 사례 • 지역사회에서 나타나고 있는 국제협력 사례 검토

문제 제기는 외부 전문가의 검토 의견에서도 나타났다(〈표 5-5〉 참고). 그래서 이 점을 2차 프로그램에서 보완하였다. 한편, 1차 프로그램의 공유 과정에서 주제 개요의 세련화 주문이 있었고, 이 사안 역시 2차 프로그램에 반영하였다.

〈표 5-5〉 외부 전문가 의견 수렴 서식 및 결과 사례

영 역	성취 기준	검토 의견
5. 미래를 바라 보는 창, (나) 지구촌과 지속가능한 발전	③ 자연환경의 변화에 따른 문제(지구온난화, 사막화 등)의 원인과 실태를 탐색하고, 다양한 자료를 활용하여 자연환경 및 기후 변화가 인간의 삶에 미치는 영향을 파악한다. ④ 지구촌 문제에 대한 다양한 입장 (예: 선진국과 개발도상국의 입장 차이 등)을 이해하고, 지속가능한 발전을 위한 지구촌의 협력 방안을 모색한다.	〈의견 사례1〉 지구 전체 협력의 사례를 제시하는 것이 좋을 듯. 개별적 혹은 국가적으로 노력하고 있는 사례 제시('살아있는 지구' BBC 다큐 참고). 〈의견 사례2〉 지구온난화의 원인 및 대책을 검토할 때 규모(scale)의 개념을 도입해야 함(세계적, 국가적, 지역적 또는 개인적 대책 및 행동). 〈의견 사례3〉 ④의 경우, 지구촌 문제에 대한 다양한 입장 제시가 빈약하고, 지구촌의 협력 방안에 대한 내용이 없음. 〈의견 사례4〉 ④ 문제해결을 개인 차원 외 국제적 차원에서의 해결 방안에 대한 내용 보완이 요구됨.

(3) 2차 프로그램 개발 및 반성: '글로컬 복합 국면의 역동성 강조'

2차 프로그램 개발의 성과는 크게 세 가지다. 먼저, 주제 개요의 세련화가 추구되었고, 그 구체적인 결과는 다음과 같다.

〈표 5-6〉 주제 개요의 세련화 결과

지구온난화 문제의 인식 및 해결하기

영역	V. 미래를 바라보는 창 - (나) 지구촌과 지속가능한 발전
성취 기준	③ 자연환경의 변화에 따른 문제(지구온난화, 사막화 등)의 원인과 실태를 탐색하고, 다양한 자료를 활용하여 자연환경 및 기후 변화가 인간의 삶에 미치는 영향을 파악한다. ④ 지구촌 문제에 대한 다양한 입장(예: 선진국과 개발도상국의 입장 차이 등)을 이해하고, 지속가능한 발전을 위한 지구촌의 협력 방안을 모색한다.
내용 요소	지구온난화, 기후 변화와 인간생활, 지속가능성

자료의 흐름		
차시	주제	교수·학습 활동
1	일상생활에서 지구온난화 문제를 인식하기	- 한반도와 극지방에서 기후 변화에 따른 문제점을 인식하기 - 기후 변화가 생태계와 인간생활에 미치는 영향을 인식하기
2	지구온난화 문제의 근본 원인 분석하기	- 장기 추세의 기온 상승 현상으로서 지구온난화 인식하기 - 기온 상승의 원리로서 온실효과 이해하기 - 인간 활동의 산물로서 지구온난화 현상 인식하기
3	지구온난화 문제의 해결 방안을 모색하기	- 지구온난화 문제의 해결 방안을 개인 생활의 수준에서 모색하기 - 지구온난화 문제의 해결 방안을 지역사회 수준에서 파악하기 - 글로벌 규모에서 국제협력의 차원으로 지구온난화 문제를 사고하기

> ### 📥 통합적 지도방안
>
> - 1차시의 자료 1을 통해 한반도의 기후 변화 현상을 인식하도록 하고, 자료 2를 통해서 극지방의 지구온난화 문제를 인식하도록 함.
> - 2차시의 자료 1은 장기지속적인 차원에서 지구온난화라는 기후 변화를 인식하도록 하고 있음. 자료 2는 지구온난화의 근본 원인을 과학적인 설명 과정으로 알 수 있도록 함.
> - 3차시의 자료 1은 각각 개인생활 수준에서 지구온난화 문제의 해결 방안을 모색하도록 함. 자료 2는 지역사회 수준의 문제해결 방안이 글로벌 규모의 국제협력과 연계되어 있음을 인식하도록 함.

둘째, 글로컬 복합 국면의 역동성을 강조하기 위하여 지구온난화 문제해결을 위한 국제협력 관련 자료를 추가하였다. 지속가능한 지역 만들기 이야기에 포함되어 있었던 리우회의, FSC 산림인증 제도 관련 상세 자료를 별도로 추가하였다. 그런데 이것은 해당 문제해결의 국제적인 차원이 추가적으로 다루어지는 것만은 아니다. 즉, 지역사회 수준에서의 지구온난화 문제해결 전략이 글로벌 국면과 조응하고 있는 맥락을 학습자가 더욱 구체적으로 이해할 수 있는 상황이기도 하다. 요컨대, 글로벌 학습이 추구하고 있는 역동적인 공간 스케일의 인식을 도모하는 과정이다.

셋째, 지구온난화 문제해결책 모색이라는 차원에서 나타나고 있
는 〈표 5-4〉에 나오는 자료 4번과 5번의 중복성을 탈피하였다. 자
료 4번의 의사결정 학습 사례를 글로벌 의사결정 상황으로 다루면
서 문제해결을 위한 국제협력의 경우로 위치시켰다. 이 점은 1차 프
로그램 반성에서 제시되었던 개선점을 보다 적극적으로 반영하는
차원이기도 하다. 요컨대, 세계 각국의 지도자들이 모여서 지구의
미래를 위하여 어떤 에너지원을 사용해야 하는지 토론하는 상황이
다. 아울러 각국의 의견들이 가지는 긍정적인 측면과 부정적인 측
면을 고려하여 합리적인 선택을 추구하는 과정이다. 의사결정의 실
제 국면을 학습자 상황으로 제시하였는데, 이 경우 '의사결정나무
사용'이라는 기법을 구사하였다.[25] 한편, 이 상황에서 가치 상대주
의의 국면에만 머물지 않고, 탄소 배출량을 줄이는 방향으로 최선
의 에너지 생산 방법을 선택하도록 했다.

넷째, 2차 프로그램의 완성 결과는 연구진 내부에서 상호 검토하
였고, 수정사항 없이 3차 프로그램으로 결정되었다. 아울러, 3차 프
로그램은 익명의 현장 전문가들에게 보내져 타당성 검토를 받았다.
검토 결과, 별다른 지적 사항 없이 교육과정의 아이디어가 반영되
었다는 의견이 청취되었다. 이에 3차 프로그램을 최종안으로 확정
하였고, 공동연구진에서 현장교사를 위한 연수 자료로 활용하였다.
프로그램의 최종안 중 문제해결 및 실행 단계의 일부를 제시하자면
다음과 같다.

---

25) Raus, R. L. & Remy, R. C., 1978, *Citizenship Decision-Making: Skill Activities
and Materials, Reading,* Addison-Wesley Publishing Company.

자료 단원 개발의 결과물 중 문제해결 및 실행 단계

학습 자료: 개인 차원에서 지구온난화 문제해결

주 택		자동차		일상생활	
세부사항	줄인 양	세부사항	줄인 양	세부사항	줄인 양
① 가스나 중유로 난방하는 낡은 주택의 단열재 개선	2.34	⑥ km당 CO_2를 120g 이하로 방출하는 자동차 구매	0.8	⑪ 겨울철 실내 온도 2도 낮추기	7.7
② 가스나 중유를 난방에너지로 사용한 새 주택 건설	0.26	⑦ 더 경제적인 중고 자동차 구매	1	⑫ 가스나 중유 보일러의 정기적 보수	3.5
③ 저온 유지 장치나 콘덴서를 장착한 새 보일러 구입	0.37	⑧ 연간 주행거리 10% 감축	8.8	⑬ 전력 소비가 낮은 전구로 예전 전구를 교체	0.6
④ 태양열 온수기 설치	0.034	⑨ 경제적인 운전습관(감속, 사거리 서행, 엔진 브레이크 사용 등)	2.8	⑭ 세탁기의 최적화(전력 사용양 최대 시간대 피하여 세탁하기 등)	0.08
⑤ 에너지 효율 등급 A+인 백색 가전 구입	0.09	⑩ 자동차 에어컨 사용 줄이기	1.3		

(단위: 백만 톤)

※ 앞의 통계는 한 개인의 행동이 온실가스 배출에 미치는 영향을 수치로 나타낸 것이다. 프랑스에서 2004년을 기준으로 한 개인이 연간 이산화탄소 방출을 줄인 양이며, 단위는 백만 톤이다.

출처: 르몽드 디플로마티크, 2011, 『르몽드 환경아틀라스』, 한겨레출판, p. 67. 재구성.

※ 한 개인의 행동 중에서 탄소를 가장 많이 줄일 수 있는 경우는?

※ 탄소를 가장 많이 줄일 수 있는 순서대로 행동을 나열해 보자.

※ 내가 실천할 수 있는 행동을 앞 사례에서 선택하자면 무엇인가?

학습 자료: 저탄소 에너지 생산을 위한 의사결정

※ 다음은 세계 각국의 지도자들이 모여서 지구의 미래를 위하여 어떤 에너지원을 사용해야 하는지 토론하고 있는 상황이다. 각 국의 의견들이 가지는 긍정적인 측면과 부정적인 측면을 고려 하여 합리적인 선택을 추구해 보자.

사회자: 오늘은 우리 지구의 미래를 위해 중요한 결정을 해야 하 는 날입니다. 각자 의견을 자유롭게 개진하되, 부디 후손들 의 입장에서 생각하도록 합시다.

A나라 대표: 우리나라는 질 좋은 석탄이 많이 생산되고 있고, 화 력 발전을 포기할 수 없습니다. 우리나라의 석탄은 연소율 이 매우 높아요. 국민들은 전기 가격이 올라가면 싫어해요.

B나라 대표: 우리도 그래요. 하루 빨리 산업화를 통해 경제성장 을 하여 선진국을 따라 잡아야 합니다. 가격이 싼 전기를 많 이 생산해야 대외경쟁력을 가질 수 있어요. 그래서 원자력 발전을 더욱 많이 할 예정입니다. 핵폐기물은 현재의 기술 력으로 안전하게 저장할 수 있지요.

C나라 대표: 우리나라도 예전에는 원자력 발전을 통해 전기를 많 이 생산했습니다. 그런데 유사시 방사능 누출 문제가 생겨 국민들이 불안해 합니다. 그래서 우리는 태양광 발전에 투

자를 더욱 늘리려고 해요. 물론, 태양광 발전 비용이 지금보다도 더 낮아져야 하겠지요.

D나라 대표: 그래요. 우리나라도 재생 에너지에 관심이 많아요. 우리나라는 바이오 기술력이 세계 최고입니다. 열대우림 지역에 옥수수를 많이 심어 바이오 에탄올을 생산합니다. 현지 주민들에게 고용을 창출해 주는 이점도 있어요.

사회자: 의견들이 다양하군요. 당장 눈앞의 이익을 생각하지 말고 먼 미래를 생각합시다. 지금 현재 인류가 탄소 배출량을 줄이지 않을 경우, 앞으로 큰 문제가 다가올 것입니다. 지구라는 행성에서 인류가 영원히 잘 살 수 있으려면, 오늘 우리는 어떤 선택을 해야 할까요?

앞 '자료 4'의 상황으로 다음 질문에 답을 하면서 다음의 의사결정나무를 완성해 보자. 결정해야 할 문제는 무엇인가?

어떤 대안들이 있으며, 각각의 대안들이 가지는 긍정적인 결과와 부정적인 결과는 무엇인가?

탄소 배출량을 줄이는 방향으로 의사결정을 한다면, 전기 생산 방법을 무엇으로 결정해야 하는가?

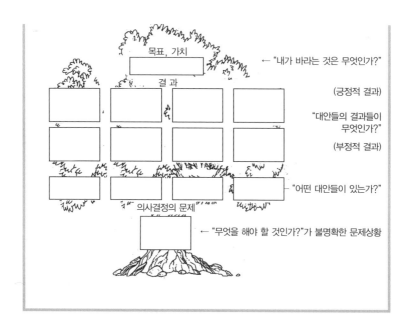

목표, 가치　　　　　← "내가 바라는 것은 무엇인가?"

결　과　　　　　　　(긍정적 결과)

"대안들의 결과들이
무엇인가?"

(부정적 결과)

← "어떤 대안들이 있는가?"

의사결정의 문제

← "무엇을 해야 할 것인가?"가 불명확한 문제상황

5. 결 론

　이 연구는 문제해결 과정에 기초하여 고등학교 통합 '사회' 과목
자료 단원의 개발에 초점을 두었다. '사회' 과목 내용 영역 중 '미래
를 바라보는 창'을 사례로 하였으며, 그 중에서도 '지구촌과 지속가
능한 발전'이라는 내용 요소를 선택하였다. 이 내용 요소를 글로벌
쟁점 중심 교육의 접근법으로 상세화하여 자료 단원을 개발하였다.
학습자의 입장에서 해당 내용 요소는 '지구온난화 문제의 인식 및
해결하기'라는 주제를 선정하여 크게 세 단계로 단원의 전개를 구
성하였다. 1단계에서는 일상생활에서 지구온난화 문제를 인식하기,
2단계에서는 지구온난화 문제의 근본 원인 분석하기, 3단계에서는

지구온난화 문제의 해결 방안을 모색하기로 자료 단원의 흐름을 창출하였다. 자료 단원의 개발 과정은 프로그램 개발 실행 연구의 절차를 따랐고, 공동연구진과 외부 전문가의 상호 검토 과정을 거쳤다.

후속 과제를 제시하자면 다음과 같다. 첫째, 이 연구를 통해서 개발된 프로그램을 현장에 적용하여 그 효과를 검증하는 과제다. 이러한 연구 역시 수업 실행 연구의 형식을 취할 수 있으며, 수업의 효과는 학습자에게 있어서 나타나는 글로벌 소양의 발달에 초점을 둘 수 있을 것이다. 아울러, 이 프로그램의 계열성을 고려하여 초등학교와 중학교 학생들을 대상으로 한 적용연구도 가능할 것이다.

둘째, 글로벌 교육의 저변 확대라는 측면에서 지구온난화 이외의 글로벌 쟁점 수업 사례 개발 및 적용연구를 구상할 수 있다. 글로벌 교육은 기후 변화 및 지구온난화 문제 이외에도 인권과 정의의 문제, 문화다양성 옹호와 상호 이해의 문제, 글로벌 상호의존성 이해 등 여러 주제들이 있다. 국내에서는 아직 글로벌 교육의 내용 체계가 확립되어 있지 않은 상태에서 이 연구의 필요성을 확인할 수 있다.

셋째, 중등사회과의 정체성에 관한 연구를 생각해 볼 수 있는데, 이것은 일반 교육으로서의 사회과와 사회과학교육으로서의 사회과 사이에 긴장 관계를 품고 있다. 중등학교의 붕괴 현상으로 인하여 교육의 본질이 크게 훼손되고 있는 시점에서, 민주주의 교육으로서 사회과의 위상 재검토와 구체적인 접근 방식의 고려는 실로 중대한 사안이라고 본다. 이러한 배경에서 쟁점 중심의 접근법은 학습량의 과감한 축소, 학습자의 적극적인 참여 기회 제공, 깊이 있는 사고력의 육성 등의 측면에서 적극적인 검토 대상이 될 수 있을 것이다.*

---

* 2011년 『사회과교육연구』, 20(1), pp. 13-29에 발표한 글을 수정·보완함.

제6장

유네스코 문화교실 수업의 구조와 인식 논리

1. 서 론

글로벌화의 추세는 학교 교육의 내용과 방법에도 변화를 가져오고 있다. 한국에서는 국제이해교육, 다문화교육, 글로벌 교육 등 여러 접근 방식들이 다각적으로 나타나고 있다. 한국사회 내부에 외국인의 수가 비약적으로 증가하기 전에는 국제이해교육이 대세였다. 한국사회를 다문화사회로 보는 시각이 등장한 이후에는 소위 다문화교육이라는 접근 방식이 널리 확산되었다. 최근에 와서는 다문화사회로의 전환 요인이 글로벌화에 있다는 판단이 생기면서 글로벌 교육의 움직임도 나타나고 있다. 아울러, 이 세 가지 접근 방식이 엄밀하게 구분되지 않고 혼용되는 경우도 있다. 공통점은 학교 교육의 국제화, 글로벌화 추세라고 말할 수 있다. 최근 다문화교육의 접근 방식은 사회통합이라는 시대적 과제를 고려하여 정부 주도로 널리 확산되었다. 다문화가정의 자녀들이 학교에 진학하는 경우가 증가하면서 공교육의 대응이 요구되었기 때문이다. 한편, 다문화교육이 널리 모색되기 이전에 국제이해교육의 실천은 주로 '유네스코 한국위원회'를 중심으로 이루어졌다. 특히, '외국인과 함께하는 유네스코 문화교실(Cross-Cultural Awareness Program, CCAP)'을 통해 국제이해교육을 주도하였고, 이 프로그램은 1998년부터 시작되어 오늘에 이르고 있다.[1] 이렇게 오늘날 CCAP는 국제화 시대,

---

1) Kim, H., 2001, The utilisation of the cross-cultural awareness programme

글로벌 시대에 학교 교육이 부응하기 위한 접근 방식으로 출발하였고, 최근 다문화교육의 접근 방식 중 하나로도 이해되고 있다.[2] 따라서 CCAP는 기존의 국제이해교육의 흐름에서 출발하여 다문화교육의 접근 양상과 뒤섞이는 양상을 보이면서 학교 교육에 상당한 영향을 미치고 있다.

CCAP는 바야흐로 학교 교육의 국제화 및 글로벌화의 모범 사례로 그 계몽적인 힘을 발휘하고 있는 양상이다. 2011년 기준 유네스코 한국위원회가 지원한 CCAP 활동 참가 학교 수는 총 319개교였다.[3] 학교 급별로 보자면, 초등학교 149개교, 중학교 90개교, 고등학교 67개교, 특수학교 13개교다. 이처럼 CCAP 활동은 학교현장에서 널리 활용되고 있는 교육 프로그램임을 알 수 있다. 10년 이상의 시간 동안, 그리고 수천 개의 학교에서 많은 학생들이 이 프로그램의 수혜를 받고 있기 때문에 학교현장에서의 영향력은 지대하다고 볼 수 있다. 이렇게 오랜 세월 동안 많은 교사와 학생들에게 프로그램이 적용되고 있는 힘은 이 프로그램 속에 내재되어 있는 나름의 합리성 때문일 것이다. 그러나 이러한 생명력 때문에 프로그램에 대한 반성적 검토가 필요하지 않다고 보기에는 어려움이 있다. 오

---

for the cultivation of global understanding and local cultural identity in Korea, with particular reference to Koje Island, *International Education Journal*, 2(5), p. 9.

2) 유네스코 아시아 · 태평양 국제이해교육원 편, 2009, 『다문화사회와 국제이해교육』, 동녘.

3) UNESCO CCAP Home Page(www.ccap.unesco.or.kr)에서 Board 〉 Feedback & Reports 빈도 분석 결과임. [2013년 접속]

히려 그 영향력을 고려하건대, CCAP의 의미에 대한 숙고와 발전적
인 방향의 모색이 요청되고 있다. 따라서 CCAP 활동의 성과와 의
미에 대한 성찰적인 검토, 미래 지향적인 발전 방안 등을 추구하는
작업이 요청되고 있는 시점이고, 이 연구는 이러한 수요에 직접적
으로 기여하고자 한다.

CCAP에 대한 평가적인 논의는 지금까지 간헐적으로 있어 왔다.
김현덕은 CCAP의 진행 경과, 특징과 성과 그리고 문제점에 관한
논의를 제기하였다. 그가 보기에 CCAP의 문제점은 타국에 관한 사
실 이해에 머물고 있으며, 타문화의 심층 이해에는 미흡한 점이 있
는 것이다.[4] 그런데 그는 이러한 진단과 대안의 제시가 수업 사례
분석을 직접적으로 매개시키지는 않고 있다. 즉, 수업 사례를 프로
토콜 상황으로 제시하고 난 뒤, 해당 수업에서 나타나고 있는 문화
인식의 논리 규명으로 나아가지는 않는다. 사례 수업의 전반적인
상황을 인상 비평 수준에서 고려하고 있다. 아울러 대안의 제시에
서도 규범적인 방향성을 제시할 뿐이며, 교재 구성이나 수업활동의
실제적인 대안을 제안하고 있지는 못하다.

한편, CCAP에 대한 평가적인 검토로 구정화 등의 논의가 있다.[5]
이들은 CCAP 실천 사례에 대한 분석에 기초하여 몇 가지 유의점
을 제시하고 있다. 즉, 이벤트 행사를 지양하고, 외국 문화의 백화
점식 나열을 지양하도록 권고하고 있다. 또한 문화에 대한 또다른

4) Kim, H., 2001, *op. cit.*, p. 13.
5) 구정화 · 박윤경 · 설규주, 2009, 『다문화교육 이해』, 동문사.

편견이 발생하지 않도록 주의하면서 문화 간 만남과 소통을 인간 간의 만남과 소통으로 유도하기를 제안하고 있다. 그리고 이들은 CCAP 수업의 단계를 수업 전 준비 및 교육, 수업 실행, 수업 후 반성 및 공유 등의 단계로 체계화한 모형을 제시하였다. 앞서 언급한 김현덕의 평가와 거의 유사한 상황이다.[6] 즉, CCAP 수업의 교육적 의미에 관한 문제 제기 측면에서 그러하다. 그러나 두 경우 모두 현재의 CCAP 수업이 가지는 한계를 교수론적 측면에서 분석적으로 논의하고 있지는 못하다. 따라서 한계를 극복하고 실질적인 대안을 구축할 수 있는 논리 확보에 도달하지 못하고 있으며, 절차적인 세련화를 도모하는 수준에 머물고 있다. 이에 비해 여기에서의 논의는 다음과 같은 측면에서 선행연구에 대비하여 차별적인 근거를 가진다.

첫째, 본 논의는 CCAP 수업활동을 문화인식의 논리 측면에서 분석하는 점에서 차별적이다. 이것은 CCAP에 대한 내재적인 분석과 비판이다. 즉, 비교문화 접근(cross-cultural approach)이라는 프로그램의 본질에 비추어 볼 때, 현장에서의 수업 사례들이 어떤 의미 구조를 가지고 있는지 분석하였다. 둘째, CCAP에 대한 내재적인 의미 분석을 통해서 실질적인 대안 구축의 논리 정립이 가능하다. 즉, 기존 접근 방식의 한계를 극복하는 과정으로, 교재 및 수업 구성의 논리적인 고려사항으로서 모형 정립을 추구한다. 셋째, 본 연구에서는 CCAP 수업의 핵심을 문화 간 비교활동으로 간주하고, 이를 문

---

6) Kim, H., 2001, *op. cit.*, pp. 9-15.

화지리학습의 측면에서 접근할 수 있는 모형을 창출한다.

2. CCAP 수업활동의 목표와 구조

CCAP는 유네스코 한국위원회가 교육부와의 협력 하에 1998년에 처음으로 시행하였다.[7] 김현덕이 정리한 CCAP의 교육목표를 보자면 다음과 같다.[8]

〈표 6-1〉 CCAP의 교육 목표

	목 표
CCAP	• 한국 청소년들이 상호 이해, 비교문화적(cross-cultural) 존중과 관용에 대한 요구를 인식하도록 하는 학교 국제이해교육을 증대시키기
	• 서로 다른 문화적 배경을 가진 개인들이 타인과 더불어 자신의 전통들을 공유할 기회를 제공하고, 그리하여 상호존중의 공동체로의 헌신을 강화하기
	• 한국에 살고 있는 서로 다른 국가 구성원들 사이 개방적인 대화의 과정을 통해 한국인과 외국인 공동체들 사이 긍정적인 상호작용을 유도하고 생산적인 동반자 관계를 창출하기

---

7) Kim, H., 2001, The utilisation of the cross-cultural awareness programme for the cultivation of global understanding and local cultural identity in Korea, with particular reference to Koje Island, p. 9.

8) Kim, H., 2001, *Ibid.*, p. 10.

CCAP 활동은 한국 청소년들의 상호 문화 이해력과 글로벌 사회에서의 공존 능력 등을 신장시키는 것을 목표로 하고 있다. 프로그램이 수행되는 조직 체계는 다음과 같다. 즉, 체계의 주요 구성 인자는 프로그램 참가학교 교사, 문화수업 자원봉사자(Cultural Exchange Volunteer, CEV), 한국어 통역 자원봉사자(Korean Interpretation Volunteer, KIV)다. 여기서 문화수업 자원봉사자는 모국어로 수업을 진행하며, 한국어 능통자인 경우, 별도의 통역자 없이 한국어로 수업을 진행할 수 있다.

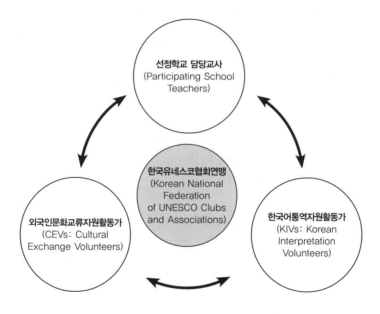

[그림 6-1] CCAP 조직 수행 체계[9]

---

9) http://ccap.or.kr/menu2/menu2_3.html [2015.11.04. 접속]

3. CCAP 수업의 분석 준거

수업분석 준거의 도출은 크게 두 가지 차원에서 모색될 수 있다. 하나는 CCAP에서 인식대상이 무엇인지의 규명, 다른 하나는 인식 활동의 성질에 관한 것이다. 분석 준거의 도출은 두 차원에서 이론적인 작업을 통해 진행하였다. 교과교육학의 견지에서 문화교육론의 성과를 종합적으로 검토하면서, 동시에 문화지리학 및 문화인류학 등 배경 학문에서의 논의도 수용하였다. 분석 준거의 기본 방향을 제시하자면 다음과 같다.

1) CCAP에서 인식대상의 초점 단위

CCAP 활동은 학습대상의 측면에서 볼 때, 타문화에 관한 수업활동이라고 볼 수 있으며 외국인 자원인사를 매개로 하여 해당 국가의 문화를 이해하는 것에 초점이 있다. 즉, 기본적인 구도에서 한국 학생들이 특정 외국인을 매개로 그 외국인의 출신국 문화를 이해하자는 발상이다. 중요한 논점은 그러한 문화 이해의 과정이 어떤 식으로 만들어지고 있느냐 하는 것이다. 결국 CCAP 활동은 전형적으로 문화 학습의 상황이다. 따라서, 학습자의 인식대상으로서 문화 현상을 어떤 식으로 표상하고 있느냐가 관심거리가 될 수 있다. 이 대목에서 우리가 주목할 수 있는 바가 바로 문화인식의 단위다. 인류학의 시선에서 볼 때, 한 사회 내부에서 문화의 가장 작은 단위는 문화요소 혹은 문화특질이다. 이것은 행동 패턴이거나 인공물로 구성되며, 형식, 용도, 기능 그리고 의미 등의 특성을 가진다.[10] 그리고 기능적으로 상호관련된 문화요소들의 세트를 문화복합이라고 한다.

한편, 지리학에서는 문화요소 및 문화복합이 가시화된 상황을 문화경관이라고 칭하며, 이것이 일정한 공간을 점유하고 있을 때, 문화지역이라고 한다.[11] 문화를 정적인 차원으로 정지시켜 놓고 볼 때, 인식의 단위는 문화요소, 문화복합, 문화지역 등으로 확대되는 양상이다. 이렇게 볼 때, 자문화와 타문화 혹은 양자 모두를 학습한다고 할 때, 그 학습의 대상을 무엇으로 할 것인지가 관건이다. 아울러, 문화요소에서 문화복합으로, 그리고 더 나아가 문화지역에 대한 인식으로 가면서 중층적인 문화인식이 수행된다고 볼 때, 학습계획 및 실천 국면에서 인식의 초점이 어디에 있는지가 검토 사안이다.

2) CCAP에서 인식활동의 성질

CCAP 수업은 학습자로 하여금 비교문화(cross-cultural) 활동을 통해서 인식을 추구하도록 의도하고 있다. 여기서 논의의 출발은 비교문화(cross-cultural)의 의미 규정이다. 한국에서 이 용

---

10) Banks, J. A., 1977, *Teaching Strategies for the Social Studies*, Addison Wesley, p. 273.

11) Jordan, T. E. & Rowntree, L., 1986, *The Human Mosaic: A Thematic Introduction to Cultural Geography*, Harper & Row, pp. 6-29.

어는 다양하게 번역되고 있다. 인류학사의 기본 교재로 널리 활
용되고 있는 가바리노(Garbarino)의 『Sociocultural Theory in
Anthropology: A Short History』 한국어 번역판 경우부터 살펴
보면, 번역자들은 cross-cultural을 인류학의 고유한 차원으로 보
고, 통문화적(通文化的)으로 칭하며, 그 뜻을 '문화를 횡단하여', '문
화를 관통하여'라는 측면에서 조망하고 있다.[12] 폭넓게 보면, '비교
문화'라는 의미의 함축을 가지지만 comparative approach와 구
별하기 위하여 통문화적이라고 한다. 한편, 인류학의 입장에서 문
화이해의 방법적 기초로 비교 연구(comparative research), 현지 연
구 그리고 질적 연구를 제시하면서, 비교 연구의 함의를 '비교문화
적'(cross-cultural)이라는 상황으로 보는 경우도 있다.[13] 이때, 비교
문화적이라는 의미는 서로 다른 두 개 이상의 문화를 상정하고 그
것들을 상호 비교한다는 뜻이다. 한편, 교과교육학의 입장에서 권
오정의 경우, cross-cultural education을 문화간교육(文化間敎育)
이라고 번역하고 있다.[14] 이러한 번역의 공통점은 개별 문화들 사
이의 차이점을 전제로 하여 상호 비교의 사고 과정을 경험하는 접
근 방식이라는 점이다. 이것은 자문화와 타문화 사이의 비교이거나,
타문화들 사이의 비교이거나, 문화의 복수성을 논의의 출발점으로

---

12) Garbarino, M. S., 1977, *Sociocultural Theory in Anthropology: A Short History*, Holt, Rinehart and Winston, 한경구 · 임봉길 역, 1994, 『문화인류학의 역사』, 일조각, p. 25.

13) 전경수, 1994, 『문화의 이해』, 일신사, p. 36.

14) 권오정, 1986, 『국제화시대의 인간형성』, 배영사, p. 9.

하고 있다. 따라서, 인식 주체의 입장에서 중요한 점은 차이의 국면을 어떤 식으로 사고하는가, 즉 비교하는 사고 활동의 양상이다. 여기서는 이러한 비교라는 사고 활동을 '암묵적인 비교'와 '명시적인 비교'로 구분하여 살펴보고자 한다.

먼저, '암묵적인 비교'라는 상황은 누군가가 낯선 문화와 조우하는 경우다. 낯선 문화와의 만남을 통해 인식 주체는 필연적으로 비교라는 사고 활동을 수행한다. 인식 주체는 낯선 문화를 만나는 과정을 통해 자신에게 익숙한 문화와의 비교를 행하기 마련이다. 즉, 낯설다는 그 자체가 이미 익숙하지 않다는 것을 말하며, 이는 대조효과의 산물이다. 그런데 수업의 상황에서 이러한 암묵적인 비교 활동은 어떤 함축을 가질까? 실존적인 만남이라는 측면에서는 일정하게 교육적인 의미가 있겠지만, 합리적인 인식의 추구 상황에서는 상당한 문제가 발생할 수 있다. 즉, 의미를 공유해야 하는 수업공동체에서 타문화는 공통적이지만 그 비교 대상인 자문화의 경우가 고정되어 있지 못하다. 암묵적으로 인식 주체들의 자문화 이해 양상은 동일성을 가질 것이라는 가정을 하고 있다. 따라서, 이 경우에 비교라는 사고 활동이 인식 주체들 각자의 우발성에 맡겨지게 되는 한계를 가진다.

다음으로 '명시적인 비교'라는 사고 활동은 서로 다른 문화 사이의 관계를 객관적으로 인식하는 활동을 추구한다. 그리하여 '기능적인 상사' 혹은 '구조적인 상동'의 측면에서 유사점 혹은 공통점을 도출하고 동시에 차이점도 발견하도록 한다.[15] 이 경우, 자문화 인식의 공유를 수업공동체에서 확보한 상태다. 즉, 자문화의 요소 혹은 복합을 인식 주체들이 공유한 상태에서 타문화 요소 혹은 복합과의 비교라는 사고 활동을 수행하도록 구조화한다. 이 경우에서 발생하는 문제는 문화들 사이 비교의 적절성을 담보하기 위한 수준의 설정일 것이다. 즉, 문화요소와 문화요소 사이, 문화복합과 문화복합, 그리고 문화지역과 문화지역 사이 비교가 추구되어야 인식과정의 혼란스러움이 배제될 것이다. 비교의 수준 차이가 있을 경우, 인식의 효율성과 타당성 문제가 나타날 수 있다.

4. CCAP 수업 분석의 실제

CCAP 수업 분석의 실제에서는 먼저 분석 대상의 사례 수집이 그 출발점이다. 여기서 CCAP 수업 사례 세 가지를 수집하여 분석 준거에 기초하여 분석의 실제를 제시하자면 다음과 같다. 세 가지 사례 모두 CCAP 수업으로서 전형성을 가지는 바, 그것은 앞서 검토한 CCAP 운영체제를 실행 조건으로 한다.

---

15) 전경수, 1994, 『문화의 이해』, 일신사, p. 129.

1) 유형 A

〈표 6-2〉 스코틀랜드 수업안 (Kim, 2001: 12)

단계	시간 (분)	내용	자료
자기 소개	10	• 개인과 가족 배경 소개하기	
스코틀랜드에 대한 간단한 소개	10	• 스코틀랜드의 경관과 야생(wild-life) 소개	지도, 잡지, 그림
스코틀랜드 깃발에 관한 옛 이야기 말하기	20	• 스코틀랜드 깃발에 관해 설명하기 • 학생들에게 깃발의 푸른색 부분에 대해 질문하기	A4용지에 검은색 윤곽으로 그려진 스코틀랜드 깃발
2개의 스코틀랜드 노래와 춤 1개	15	• 두 개의 간단한 스코틀랜드 노래를 가르치기 • 전통적인 스코틀랜드 춤 1개 가르치기	
네스 호수의 괴물(The Loch Ness monster)	25	• 네스 호수 괴물 일화를 소개하고 몇 개의 그림과 이야기를 보여 주기 • 색깔이 있는 진흙을 사용하면서, 네스 호수 괴물의 모형을 학생들이 만들도록 하기	그림, 엽서, 색깔 모형 찰흙

　유형 A는 문화수업 자원봉사자가 스코틀랜드의 문화를 가르치는 상황이다.[16] 스코틀랜드의 경관, 국가, 노래, 전통 춤 그리고 이야기

---

16) Kim, H., 2001, The utilisation of the cross-cultural awareness programme for the cultivation of global understanding and local cultural identity in Korea, with particular reference to Koje Island, *International Education Journal*, 2(5), p. 12.

등이 교육내용으로 다루어지고 있다. 이들은 문화인식의 단위로 보자면, 문화요소 혹은 문화특질에 해당한다. 이 수업에서 문화요소들 간의 관계 양상은 포착되지 않는다. 문화요소 상호 간의 유기적인 관련성은 탐구의 대상이 아니다. 아울러, 각각의 문화요소의 경우도 심층 이해라기보다는 사실의 파악에 주안점을 두고 있다. 즉, 문화요소들을 매개로 인과론적 사고와 같은 합리적인 문화인식의 과정을 가질 수 없는 형태다. 다만, 네스 호수의 괴물(The Loch Ness monster) 관련 활동에서 스코틀랜드 생활문화에 관한 맥락적인 이해를 시도할 수 있는 여지가 있지만, 수업안의 상황에서는 그러한 구조적인 계기가 보이지는 않는다.

학습자들은 유형 A와 같은 수업을 통해서 낯선 문화와의 조우를 사례 연구의 형태로 행한다. 이는 스코틀랜드의 개별적인 문화요소들을 인식하는 상황 설정이며, 한국문화와의 명시적인 비교활동은 보이지 않는다. 학습자들 각자가 체험을 통해 자문화와 비교하는 과정을 가질 것이라고 가정한다. 요컨대, 앞서 언급한 바와 같이 암묵적인 비교라는 사고 활동을 표방한다. 따라서, 교사가 자문화와 타문화 사이의 교류 상황에 관여할 수가 없다. 어린이들이 타문화를 체험하면서 암묵적으로 비교문화의 사고를 전개시킬 것으로 보인다. 아울러, 학습자들은 '관광객이 가지는 응시(tourist gaze)' 상황에 머무를 가능성이 높다.

2) 유형 B

⟨표 6-3⟩ 이탈리아 수업안(Kim, 2001: 12)

단계	시간 (분)	내용	자료
자기 소개	5	• 개인 및 가족 배경 소개하기	지도
마르티나 프랑카(Martina Franca)의 역사적 건물	10	• 마르티나 프랑카(Martina Franca)[17]의 역사적 건물 소개하기 • 그림과 우편엽서 보여 주기 • 옛 건물 축소모형 보여 주기	그림 우편엽서 축소모형
옛 동화	10	• 학생들에게 전통 동화 이야기하기	
남부 이탈리아의 전통 춤	10	• 타렌텔라(Tarantella)[18] 시연하고 가르치기 • 춤의 이야기 말하기	CD Player
학생들에 의한 한국문화 공연	10	• 학생들은 전통 한국 춤을 수행하기	
질문과 답변	15	• 이탈리아에 관한 질문과 답 시간 • 학생들에게 그들이 배운 바에 관해 질문하고, 올바르게 답하는 학생에게 선물 주기	

유형 B는 유형 A의 경우와 유사한 수업 상황이다. 역시 이탈리아의 개별적인 문화요소들을 나열하는 구조다.[19] 다만, 차이점은 명시적

---

17) 이탈리아 남부 타란토 지역의 소도시.
18) 이탈리아 남부 나폴리 지역의 춤곡.
19) Kim, H., 2001, The utilisation of the cross-cultural awareness programme for the cultivation of global understanding and local cultural identity in Korea, with particular reference to Koje Island, *International Education*

으로 한국의 전통 춤추기 활동이 남부 이탈리아의 전통 춤추기 활동에 연이어서 진행이 된다는 점이다. 명시적인 문화비교 활동이 모색되고 있으며, 문화인식의 단위 측면에서도 등가성을 유지하고 있다. 다만, 수업안에서 전통 춤을 매개로 두 지역 사이의 후속적인 문화비교 활동이 추구되고 있는 상황은 보이지 않는다. 그럼에도 불구하고, 유형 A의 수업과 대비시켜 보았을 때, 상당한 차별화가 나타난다.

한편, 유형 B의 수업은 공간 스케일의 측면에서 지역화가 이루어져 있어 독특하다. 이탈리아 전체가 아니라 이탈리아 남부 지역의 문화경관과 예술관행이 다루어지고 있다. 남부 이탈리아의 지역문화를 학습대상으로 삼았기 때문에 문화의 맥락이 분명하다. 다만, 동일한 측면에서 한국의 춤 문화가 어떤 지역에 기초하고 있는지는 불명확하다. 요컨대 이 수업의 경우, 문화학습의 박제화에서 벗어날 수 있는 가능성, 즉 지리적인 맥락에 기초한 문화의 교재화가 이루어졌다는 점에서 기존의 수업과 대비하여 차별적이다. 또한 한국문화와의 명시적인 비교가 적정 수준에서 가능하도록 수업이 구조화되어 있다는 점도 의미가 있다.

3) 유형 C

다음으로 유형 C의 경우를 보자면,[20] 앞서 두 수업의 사례와 비

Journal, 2(5), p. 12.
20) 2004년 서울○○초등학교 ○교사의 6학년 대상 수업실천 사례.

교하여 볼 때, CCAP의 실체와 의도를 더욱 확연하게 드러내 보이고 있다. CCAP의 전반적인 흐름은 다음 단계와 같으며, 단계별로 관련 주체들의 역할이 잘 드러나 있다. 즉, 단원의 전개 과정에서 KIV, CEV 그리고 담임교사의 역할이 무엇인지 알 수 있다. 한편, 이 수업에서 다루어지고 있는 타문화 사례는 인도 문화다.

〈표 6-4〉 CCAP 수업 실천의 단계

단계	내용
CCAP 수업 신청	• 교육과정을 고려하여 CCAP 국가 선정 • 유네스코에 CCAP 수업 신청
CCAP 수업 확정	• CEV와 KIV의 사정에 따라 수업일자와 시간 확정
KIV 및 CEV와 수업협의	• 수업내용과 절차 합의 - 전화통화 및 E-mail • 수업에 필요한 기자재 준비 - 프로젝션 TV 등 • 수업 전 활동과 수업 후 활동 소개 - CCAP 전후의 활동 전개 • 수업과정안 협의 - 지도내용, 준비물 • 학교 위치 소개 - 홈페이지 등 활용 • 학교 교육활동 소개 - 학교의 전반적인 활동 소개
CCAP 수업 실시(4차시로 설계)	• 1차시(CCAP 사전 활동 - 담임교사 담당) • 2, 3차시(CCAP 본 수업 - CEV 및 KIV 담당) • 4차시(CCAP 사후 활동 - 담임교사 담당)로 설계
CCAP Feed Back	• 타 문화에 대해 새롭게 알게 된 점 • 다른 나라 어린이들에게 편지 쓰기 등 활동 • 유네스코 CCAP home site의 feed back 란에 소감문 올리기 • 세계 여러 나라 사람들이 서로를 인정하고 인류 평화를 위해 할 수 있는 일 생각해 보기 등 활동

타문화학습의 가장 중요한 국면, 즉 CCAP 본 수업의 상황은 인

도 문화 체험학습이다. 학습단계는 학습문제의 설정, 체험활동, 적
용 및 정리활동의 흐름이다.

▶1차시: CCAP 사전 활동-인도 문화 집중 탐구

목 표: 인도에 대해 집중 탐구를 통해 우리 문화와 다른 문화를 이해
　　　하고 인정할 수 있다.

〈표 6-5〉

단계 및 학습구조	학습활동	비 고	시 간
문제의 설정 (일제식 구조)	• 여행 경험 나누기 • 세계의 여러 나라 중 좀 더 자세히 　알고 싶은 나라 선정: 인도, 브라 　질, 터키 등 여러 나라 • 정보 수집 방법 논의: 인터넷, 참고 　도서 등 활용 • 학습 문제 확인: '인도'에 대해 집 　중 탐구하기로 결정	• 세계의 여러 나라 중 에서 어린이들의 관심 이 높은 나라를 선택 한다.	5 분
정보의 수집 (협동식 구조)	• 정보 수집하기: 인도의 위치, 국기, 　풍습, 언어 등 조사(분단별로 조사) • 인터넷이나 세계지도 등 참고도서 　활용하기	• 컴퓨터를 이용한 조사 학습은 과제로 제시할 수 있다.	15 분
보고서 작성 (협동식 구조)	• 조사한 내용을 신문으로 만들기 • 조사한 내용을 프레젠테이션 형태 　로 발표 준비하기	• 각자 조사한 내용을 바탕으로 신문 만들기 등을 할 수 있다.	15 분

발표 및 정리 (일제식 구조)	• 신문으로 만든 내용 소개하기: 조사 내용의 특징과 조사 과정에서 느낀 점 등을 함께 발표 • 프레젠테이션 형태로 발표하기: 사 진 자료를 포함하여 시각적인 효과 를 얻도록 함	• 실물화상기를 활용하 여 다른 나라에 대한 흥미를 높이고 집중 탐구 계획을 선택학습 으로 하도록 한다.	5 분

▶2-3차시 수업상황: CCAP 본 활동-인도 문화의 체험

목 표: CEV와 KIV의 도움으로 인도에 대한 여러 가지 문화경험을 할
수 있고, 다른 나라 문화의 특징을 알고 이를 인정하며 서로 존
중하는 마음을 갖는다.

〈표 6-6〉

단계 및 학습구조	학습활동	비 고	시 간
학습문제 설정 (일제식 구조)	• CEV 및 KIV 소개하기: 인도 고등학교 교장선 생님으로 재직 중, 남편이 연세대학교 교환 교 수로 오게 되어 잠시 자원봉사활동으로 CCAP 에 참여하게 됨. "학교는 제2의 집, 선생님은 제2의 어머니" • 오늘 수업의 개략적인 설명: 오늘은 인도에 대 한 개략적인 내용과 인도의 풍습, 언어, 문화 등에 대해 여러분과 함께 나눌 예정임.	이마에 빨간 점을 붙이고 오신 멋진 라 지니 선생님 을 맞이함.	15 분

체험활동 (협동식 구조 및 일제식 구조)	• 인도 소개: 인도는 29개 주로 나뉘어져 있고, 인구는 10억 명이며, 국토는 우리나라의 30배에 달한다. • 인도는 5000년의 역사를 가지고 있으며 1700년에 영국이 인도를 쳐들어와 약 100년간 지배하였고 1947년에 해방되었다.	파 워 포 인 트 자료를 이용한 인도 소개	20분
	• 인도의 언어: 인도는 힌두어와 영어를 공용어로 사용하고 있으며, 공식언어만 해도 16개이고 언어는 무려 3,251개에 달한다. • 인사말 배워 보기: 나마스떼(안녕하세요?), 찌따(호랑이), 단야와드(감사합니다), 디스(열)	배운 인사말로 인사나누기	30분
	• 요가와 인도 의상 　- 요가는 기원전 500년에 인도에서 시작되었다. 　- 라지니 선생님은 '사리'라는 인도 옷을 입고 오시고 어린이에게 맞는 사리를 갖고 오셔서 많은 어린이들이 입어 볼 수 있게 하였다. • 사리를 입은 멋진 모습으로 인도 춤을 선보여 주심	사리를 입은 멋진 모습으로 인도 춤을 선 보여 주심 (경쾌한 음악과 함께)	
적용 및 정리 (일제식 구조)	• 퀴즈 문제 내기: 인도 국기의 주황색의 의미는? 희망, 용기 • CEV수업 소감: 여러분들이 인도에 대해 많은 것을 질문해 주고 관심을 가져 주어서 감사하고 앞으로 인도와 대한민국은 더욱 서로 도와주는 나라가 되었으면 좋겠다. • 학생 수업 소감 발표: 인도에 대해 많은 것을 알게 해 주셔서 감사합니다, 인도에 꼭 가 보고 싶습니다.	퀴즈를 통해 어 린 이 들 이 집중하여 수업에 참여하였는지 점검하기	15분

　유형 C는 인도 문화 학습이며, 유형 A와 유형 B처럼 개별적인 문화요소들을 학습의 대상으로 상정하고 있다. 인도의 역사 개관, 언어, 요가와 의상, 국기 등이 주요 학습 대상이다. 이러한 문화요소들 사이의 관계 모색 역시 그 시도가 이루어지지 않는다. 아울러 한

국문화와의 명시적인 비교 활동이 보이지 않는다. 유형 C가 특이한 점은 CCAP 사후 활동이 있다는 점이다. 이 사후 활동에서는 '사실 이해'에 기초하여 '가치 이해'와 '가치 적용'으로 나아가는 인식의 경로를 보여 주고 있다.

이것은 타문화학습을 기반으로 하여 국제화 사회 혹은 글로벌 사회에 요구되는 가치 · 태도를 길러 주고자 하는 목적의식성이 분명히 드러나고 있는 경우다. 그리하여 수업목표는 다음과 같이 진술되었다. '1, 2, 3차시를 통해 알게 된 인도의 문화를 다시 정리해 보고 세계의 여러 나라를 더욱 이해하며 평화롭게 살아가는 방법을 생각하고 이를 실천하기 위한 다짐을 한다'. 구체적인 수업지도안은 다음과 같다.

▶4차시 수업상황: CCAP 사후 활동-인도 사랑

〈표 6-7〉

단계 및 학습구조	학습활동	비고	시간
사실 이해 (일제식 구조)	• CCAP 참여 소감 나누기 • CEV-라지니 선생님께 하고 싶은 이야기 나누기 • 인도의 풍습, 새롭게 알게 된 점 나누기 • 인도의 언어 사용해 보기	CCAP 중에 흥미로웠던 점, 새롭게 알게 된 것을 되짚어 보기	5분

가치 이해 (협동식 구조)	• 서로의 문화나 풍습이 다른 것을 어떻게 받아들여야 하나? • 풍습이나 문화 등은 있는 그대로 인정하고 서로의 문화를 존중해 주어야 한다.	컴퓨터를 이용한 조사 학습은 과제로 제시할 수 있다.	15분
가치 적용 및 정리 (개별 학습 구조)	• 평화로운 세계를 만들기 위해서 우리가 할 수 있는 일은 무엇일까? • 우리의 다짐, 다른 나라의 친구들에게 편지 쓰기 • 세계 각처에서 벌어지고 있는 비평화적인 사건에 대해 비판의식 갖기	각자 세계평화를 위해 가져야 할 태도를 정리하고 이것을 이웃 나라 친구들에게 보내는 글로 작성한다.	15분
내면화 과정 (개별 학습 구조)	• CCAP를 통해서 알게 된 사실과 세계평화를 위해 가져야 할 생각을 일기로 표현해 보자.	편지글 또는 일기 쓰기	5분

지금까지 살펴본 유형 C 수업의 한계는 무엇인가? '사실 이해'가 '가치의 이해와 적용'으로 전이될 것이라는 지나친 낙관론이다. '가치의 이해와 적용'은 세계관, 삶의 태도의 문제다. 그런데 이것이 '사실 이해'에 기초한다면, 많은 사실을 알면 알수록 가치관의 변화가 용이할 것이다. 정의적인 차원이 인지적인 차원에 결부되어 있음은 분명하다. 그런데 인지적인 차원의 발달이 '사실 이해'로만 국한된다고 보기에는 어려움이 있다. 이른바 개념적 사고, 법칙적 사고와 같은 의미 세계가 학습자의 인식 체계를 구성하기 때문이다.

5. 대안의 추구: 비교문화지리 학습모형의 정초

세 가지 유형의 CCAP 수업을 분석하면서 그 한계 규명과 더불어 대안 모색의 가능성이 추구될 수 있겠다. CCAP 수업은 분명히 자문화와 타문화 사이의 관계 설정을 시도하고 있다. 자문화와 타문화 사이의 관계 설정이란 무엇인가? 그것은 바로 타문화를 자문화에 비추어 이해하고 차이점에 대하여 관용할 수 있는 마음의 형성일 것이다. 동시에 자문화의 절대화로부터 벗어나서 자문화를 객관적, 상대적으로 파악할 수 있는 계기를 마련하는 것이다.

아울러 CCAP 수업은 표층에 있는 기술적(記述的) 차원의 사실적(事實的) 문화현상으로부터 심층에 있는 공식적·비공식적 차원의 규범(가치)적 문화현상으로의 이행 과정이 확보되어야 할 것이다.[21] 그리고 이러한 이행의 과정에서 기술적 차원의 사실 이해는 규범적 차원으로 나가는 과정에서 '보편적인 설명'이 가능한 매개 고리가 있어야 한다. 보편적인 설명 도구를 마련하기 위해, 본 연구에서는 수업 분석의 도구로 사용한 두 가지 차원에 주목한다. 즉, 문화인식의 초점 단위를 도출하는 과제, 그러한 문화인식 단위들 사이, 즉 자문화와 타문화 사이의 '명시적인 비교'라는 사고 활동의 구축 과제를 제안한다.

또한, 문화인식의 대상을 상황 맥락성의 측면에서 위치 지우기를

---

21) 권오정, 1986, 『국제화시대의 인간형성』, 배영사, p. 132.

통해 문화의 심층 이해로 나아갈 수 있는 교두보를 확보하기도 강
조하고 싶다. 여기서 말하는 상황 맥락성이란 문화를 시·공간 좌
표 속에 다루는 것이다. 즉, 학습자들은 문화인식 활동을 통해 지
리·역사적인 멘탈리티를 개척할 수 있어야 함을 제안한다. 따라서,
우리는 CCAP 수업의 내실화를 위하여 문화현상의 지리적인 문제
설정을 추구할 수 있다. 요컨대, 문화요소, 문화복합 등 문화인식의
기본 단위를 공간 스케일, 즉 지역, 국민국가, 대륙 문화권 등의 측
면에서 비계설정하고 비교문화 학습이 가능하도록 한다. 즉, 자문화
와 타문화 사이의 등가적인 비교가 가능하도록 문화인식의 기본 단
위를 초점화한다.

동시에 지리적인 맥락에서 공간 규모의 등가성을 확보하면서 지
역문화 간의 비교, 국민문화 간의 비교 그리고 문화권 사이의 비교
등을 가정할 수 있다. 이렇게 비교문화 학습의 대상과 조건을 정교
화하면서 학습내용의 진정성을 추구한다. 요컨대, CCAP 수업의 내
실화를 위하여 관련 개념 및 일반화를 필수학습요소로 도출하고 나
서 해당 학습요소들의 논리적 위계를 계열화하고 난 뒤, 전형적인
학습활동 사례를 제공한다. 이상의 대안 모색 과정을 도식 구조로
제시하자면 다음과 같다.

〈표 6-8〉 CCAP 수업의 내실화 모형

비교문화지리 학습의 측면에서 본 CCAP 수업의 내실화 과정
CCAP 수업의 인간 형성 논리 + 필수 학습 내용 요소 분석
⬇
문화지리교육의 맥락에서 CCAP 수업의 재개념화
⬇
문화지리학의 핵심 개념 파악
⬇
CCAP 수업의 재개념화에 기초한 관련 개념과 일반화 도출
⬇
비교문화지리 학습으로서 CCAP 수업 내용의 계열화 ① 명시적인 비교활동이 가능하도록 인식대상의 초점 단위 설정 ② 사실→개념→가치 지향의 순서로 문화인식의 단계 설정
⬇
문화인식의 공간 스케일(지역, 국민국가, 대륙 문화권 등)을 비계설정하기
⬇
CCAP 비교문화지리 학습모형 정립 및 확산

6. 결론

이 장에서는 문화교육 혹은 문화교과교육 실천 논리의 세련화를 도모하고자 하였다. 한국사회에서 오늘날 문화를 가르치는 상황은 매우 다양한 모습으로 나타나고 있다. 소위 다문화수업, 타문화이해

수업, 비교문화 학습, 상호문화이해 학습 등 여러 가지 양상이다. 본 연구에서는 CCAP 수업의 핵심을 'cross-cultural awareness'라는 표현에 주목하면서 문화인식의 논리를 분명히 하고자 했다. 본 연구의 성과물에 기초하여 문화 관련 수업의 다양체들 사이에서 이해의 혼란이 어느 정도 극복될 수 있을 것이다.

CCAP 수업의 핵심을 문화 간 비교활동이라고 볼 때, 기존의 실천 사례는 다음과 같은 한계가 나타났다. 첫째, 수업에서 문화인식의 초점 단위를 무엇으로 하고 있는지 검토하였다. 문화요소, 문화복합, 문화지역 등 문화인류학과 문화지리학의 개념을 활용하여 문화인식의 초점 단위를 분석하였다. 사례 수업 분석 결과를 보건대, CCAP 수업 사례의 경우, 개별 문화요소의 사실적 파악에 머물고 있다. 문화요소들 사이의 관계, 즉 문화복합 및 문화지역 등에 관한 이해로 나아가지 못하고 있다.

한편, CCAP 수업에서 인식활동의 성질에 관한 검토 결과, 자문화와 타문화 사이에 명시적인 비교활동의 활성화가 요구되었다. 또한 수업의 흐름은 개별적인 문화요소들의 사실적 파악에서 곧바로 가치 및 태도의 정립이라는 단계로 이행하고 있었다. 그리하여 비교문화 학습의 과정에서 인과론적, 법칙정립적인 인식 활동의 계기 마련이 요구되었다. 또한 필자는 CCAP 수업의 합리적인 대안 추구 사례로 비교문화지리 학습모형의 기초를 제안하였다. 이 대안의 핵심은 문화의 상황맥락성에 주목하면서 자문화와 타문화 사이 비교의 등가성을 확보하고, 문화인식의 과정에서 개념적인 층위를 필수화하는 양상이었다.

한편, 이 장에서의 논의는 글로벌시대 문화교육의 토착화라는 측면에서 그 의의를 찾을 수 있다. 즉, 문화인식대상의 초점 단위를 분명히 하는 과정 속에서 소위 한국에서 비교문화 학습을 시도하는 것의 의의를 체계화할 수 있다. 즉, 앞으로 문화요소 혹은 문화특질 차원에만 머물지 않고, 문화복합 더 나아가 문화지역, 문화권 등의 인식 단위도 비교문화 학습의 영토로 다룰 수 있다. 그리하여 우리는 예컨대, 글로벌 맥락 속에서 동아시아 문화의 이해로 나아가면서, 동시에 한국문화 정체성 교육의 접근 논리 역시 체계화가 가능할 것이다. 한편으로 국민국가의 테두리에서 벗어난 상태에서 문화인식의 논리를 추구할 수 있다. 또한, 향후 21세기형 동아시아 평화교육, 트랜스내셔널교육, 탈근대교육 등의 수요에 지리적인 리얼리티를 제공하면서 교육의 합리성을 추구할 수 있을 것이다.*

---

* 2013년 『한국초등교육』, 24(2), pp. 97-113에 발표한 글을 수정·보완함.

제7장

이민자를 위한 한국사회의 이해 수업 실천

1. 배경과 맥락

　서울교육대학교 다문화교육연구원에서는 우리나라 최초로 이
중 언어 교수요원 양성과정을 운영하였다. 2009년 1월에 양성과
정생 모집공고를 내고 총 80여명을 선발하였다. 그리고 그 해 3월
2일 입학식을 치루고 8월 말에 수료식을 행하였다. 이 과정은 서울
시교육청의 위탁을 받아 실시하였으며, 졸업생들은 서울 지역 초등
학교 방과 후 학교 강사로 배치되었다. 이중 언어 교수요원들은 학
교현장에서 다문화가정 자녀의 한국어 및 이중 언어 교육을 담당한
다. 경우에 따라서는 일반 학생을 위한 다문화체험교육의 강사 요
원으로도 활약할 수 있다. 지원 자격은 다음과 같았다.

1. 일본, 중국, 필리핀, 베트남, 몽골, 인도네시아, 방글라데시,
   중앙아시아 지역 출신의 대졸 이상 학력자
2. 대한민국에 합법적으로 거주하고 있는 외국인으로 한국어
   능통자
3. 2009년 3월부터 2009년 8월까지 총 6개월간 주 5일 전일
   제 수업 구상이 가능한 자
※ 교사자격증 소지자, 한국어 및 한국학 관련 전공자, 한국어
   능력시험(TOPIK) 중급 이상자의 경우 가산점 부여

2009년 1월 13일 1차 필기시험(4지 선택형 50문항, 쓰기 과제 1문항), 동년 2월 7일 2차 면접 시험(한국어 의사소통 능력, 한국사회와 문화 이해 정도, 교사로서의 소양과 인성 평가)을 실시하여 선발하였다. 합격자의 국적별 현황은 다음과 같다.

〈표 7-1〉 합격자 국적별 현황

국가	일본	중국	필리핀	베트남	태국	러시아	몽골	인도네시아	중앙아시아	기타	계
합격자 수	20	18	2	1	2	6	18	1	10	2	80
외국인 근로자 가정 자녀 수	78	74	20	7	5	6	94	3	7	39	333
국제결혼 가정 자녀 수	764	430	215	60	32	29	49	25	17	182	1,803

* 다문화가정 자녀 수는 2008년 서울시교육청 소속 학교 재학생 수임.

합격자 중 일본, 중국, 몽골 지역 출신자가 다른 지역 출신에 비해 훨씬 많았다. 중앙아시아 지역은 키르키즈스탄(4명)과 우즈베키스탄(6명)이며, 기타 지역은 대만(1명)과 말레이시아(1명)다. 학력으로 보면, 대학원 졸업자가 14%, 대학 졸업자가 80%, 전문대 졸업자가 6%다.

2. 〈한국사회의 이해〉 강좌의 위치와 내용

이중 언어 교수요원 양성 과정의 교육과정은 다음과 같다. 교과목 영역은 교양, 교직 그리고 전공으로 구분하였다. 전공 과정은 한국어 교육 강좌들이며, 교양과 교직 과정은 다음과 같다.

〈표 7-2〉 교양 및 교직 과정 현황

구분	1학기	2학기
교양과목	• 한국사회의 이해 • 한국의 가정생활과 문화 • 한국문화 탐방 1	• 한국의 정신문화와 인성교육 • 다문화교육의 이해 • 한국문화 탐방 2
교직과목	• 한국 초등학교 교육의 이해 • 다문화가정 자녀를 위한 예술교육	• 아동 심리와 상담 기법 • 다문화가정 자녀를 위한 수학과교육

여기서 논의 대상은 교양과목 〈한국사회의 이해〉 강좌에 대한 실행연구의 결과물이다.

이 강좌는 국외에서 한국으로 이주한 이민자들을 대상으로 한국사회에 대한 이해를 도모하기 위한 프로그램이다. 최근 다문화가정의 주체들이 한국사회에 적응하도록 하는 일련의 사업들이 전국 각지에서 펼쳐지고 있다.[1] 국제결혼자 및 이주 노동자를 대상으로 하

---

1) 장미영 외, 2008, 『다문화사회 바로서기: 여성결혼이민자의 한국 적응 교육 프로그램 연구』, 글솟대; 한국이주민재단, 2008, 『한국사회의 이해(사회통합프로그램

는 사회통합프로그램들이 활발하게 실천되고 있다. 시민단체에서 시작된 시도들이 이제는 관 주도의 사회통합정책으로 제도화되고 있다.

이중 언어 교육을 초등학교 현장에서 시도하려는 이유는 다음과 같다. 다문화가정 자녀의 한국어 능력 향상, 학교 적응 및 학업 능력 신장, 긍정적인 자아정체성의 형성 등에 이중 언어 교육이 기여할 수 있다. 다문화가정의 자녀가 이중 언어 능력을 갖추면 그만큼 개인적으로나 국가·사회적으로나 자산 가치가 높아진다. 특히, 한국어 구사 능력이 현저히 부족한 이주 노동자의 자녀들에게는 매우 유익한 시도다. 아울러, 한국어가 유창한 다문화가정의 자녀가 엄마(혹은 아빠) 나라의 언어를 배우면서 자신의 정체성을 긍정적으로 사고할 수 있다. 즉, 다문화가정의 자녀가 가진 다중 정체성의 현실을 있는 그대로 받아들이면서 이러한 정체성들을 건강하게 생각할 수 있는 차원들을 확보할 수 있다.

〈한국사회의 이해〉 과목은 교양 과정으로 위치하고 있으며, 필자가 실천한 강좌의 내용은 다음과 같다.

이수제 다문화사회 전문가 2급 교재)』; 서울교육대학교 다문화교육연구원, 2009, 『교육과학기술부 다문화가정학생 교육지원사업 워크샵 자료집』.

〈표 7-3〉 〈한국사회의 이해〉 과목 강의 주제

주	강의 내용	주	강의 내용
1	한국의 위치와 영토, 한국인의 기원	9	한국의 종교
2	한국의 지형과 기후	10	한국의 정치 제도
3	한국의 풍토와 생활양식(1): 의식주를 중심으로	11	한국 경제의 구조
4	한국의 풍토와 생활양식(2): 모둠살이를 중심으로	12	한국의 대중문화
5	지도와 연표로 본 한국 역사	13	한국의 교육제도
6	한반도와 문화교류	14	세계화와 한국의 미래
7	한국의 도시와 생활	15	종합 토론 및 시험
8	한국의 수도, 서울 공간의 이해		

강좌의 목표는 수강생들이 '한국의 지리와 문화 등에 대한 인식을 기초로 하여 한국사회 전반에 대한 이해를 심화'시키도록 의도했다. 강좌의 제목에 나와 있듯이, 해외에서 온 이주자들이 한국사회를 이해한다고 했을 때 고려할 수 있는 내용들을 중심으로 강의 주제가 설정되었다. 주로 문화에 대한 이해를 중심으로 내용을 설정하였으며, 한국의 지리와 역사에 대한 고려에서부터 시작하여 정치, 경제, 교육 등의 주제로 나아갔다. 즉, 이주자들이 우선적으로 한국의 생활문화에 대한 이해를 기초로 하고 난 뒤 나중에 사회 제도 전반으로 인식의 지평을 확장하도록 했다.

3. '마이너리티에서 문화중개자로': 미완의 과제

1) '사회제도의 주입'에서 '문화를 중심으로 한 한국사회의 이해'
로 나아가기

앞의 강의 주제에 나타난 바와 같이, 필자는 강좌의 운영 방향을 다음과 같이 설정하였다. 즉, 이민자들이 한국사회를 시·공간 맥락의 측면에서 사유를 시작하면서 현재의 사회 제도와 기능에 대한 이해로 이행하도록 했다. 이렇게 주제를 설정한 이유는 기존의 시도들이 한국에 관한 단편적인 사실을 나열하는 한계가 있기 때문이다. 예컨대, 다음에서는 한국의 식생활문화를 다루는 내용으로 교재 구성 방식을 보여 주고 있다. 식사예절에 주목하면서 다음과 같은 상황을 제시하고 있다.[2]

※ 다음 설명 가운데 알맞은 것에 √ 표시하세요.

• 어른보다 먼저 숟가락을 들지 않는다.
• 밥을 먹으면서 이야기를 한다.
• 먼저 밥을 먹으면 자리에서 일어난다.
• 그릇을 들고 밥을 먹거나 국을 마신다.
• 밥을 젓가락으로 먹지 않는다.
• 콧물이 흐를 때에는 식사를 하는 자리에서 코를 푼다.
• 이쑤시개를 사용할 때에는 손으로 입을 가린다.
• 식사 시간에 가까운 이웃이나 친구의 집을 방문한다.

---

2) 구현정·서은아, 2008, 『이민자를 위한 한국사회 이해』, 정인출판사, p. 31.

이러한 교재 구성의 결과는 너무나 피상적인 내용으로 이민자의 지적 수준을 과소평가하고 있다. 아울러, 단편적인 사실 중심의 접근 방식은 매우 파편화된 경험을 이민자들에게 제공할 가능성이 높다.

또한 개별 전공자들이 자신의 분야를 외국인에게 소개하는 듯한 접근 방식을 취하는 경우도 있다.[3] 예컨대, 교재 내용의 주제는 한국의 정치와 민주주의, 행정부 및 지자체 조직, 한국의 역사, 한글의 창제와 변천, 한국어의 특성, 이주민 대상 한국어 교육, 다문화사회의 이해, 성공적인 정착의 길라잡이 '법', 자녀교육 및 유학, 인권과 복지, 건강과 의료, 취업 및 직장생활, 주거복지와 부동산 정책, 대중매체와 정보통신, 관광과 여가 문화 등이다. 이 경우는 이민자의 입장에서 한국문화를 체계적으로 이해하기에 곤란한 접근을 취하고 있다. 이는 이민자를 한국인의 입장에서 객체화하는 한계가 있다.

그래서 기존의 유사 교재들이 가지는 한계를 극복하자는 의도에서 앞과 같이 주제가 설정되었다. 요컨대, 토착민의 입장에서 한국사회의 제도를 이민자들에게 주입 혹은 동화시키는 것이 아니라 일상생활의 문화요소를 중심으로 한국사회를 이해하도록 의도하였다. 여기서 일상생활의 문화요소에 주목한 이유는 이것이 경험적으로 지각 가능한 대상이며, 무엇보다도 은연중에 수강생들이 한국의 생활문화가 간직한 원리를 이해하고 이민자 각자 출신국의 경우와 비교가 가능할 것이라고 판단했기 때문이다. 즉, 이민자를 위한 〈한

---

3) 한국이주민재단, 2008, 『한국사회의 이해(사회통합프로그램 이수제 다문화사회 전문가 2급 교재)』.

국사회의 이해〉 강좌는 일방적인 동화교육이 아니라 '문화교육'의 측면에서 방향 설정을 하였다.

2) '문화중개자' 주체 형성의 전략

필자는 생활문화의 요소를 중심으로 강의 주제를 설정하면 자동적으로 문화중개자의 형성이 가능할 것이라고 생각했다. 그러나 이러한 의도는 생각보다는 쉽게 관철되지 못하였다. 그 이유는 강좌 운영 방식의 근본 구조 때문이라고 판단했다. 전반적으로 강좌의 운영이 담당교수의 강의 중심으로 진행되었기 때문이다. 수강생들이 참여할 수 있는 구조가 제도화되지 못하였다. 수강생들이 보다 활동 중심으로 강좌에 임할 수 있는 계기 마련이 아쉬웠다. 사실 이러한 시도가 가능하려면, 사전에 수강생들에게 과제를 주어야 한다. 즉, 한국의 주생활문화를 공부한다면, 몽골 출신 이민자에게 출신국의 주거 문화를 발표하도록 과제를 미리 내주는 것이다. 주요 지역별로 동일한 주제로 과제를 준다면, 강의시간은 더욱 생동감 있을 것이다. 요컨대, 주거 문화를 중심으로 한국의 경우, 몽골의 경우, 동남아시아의 경우 등이 서로 교섭하는 양상이 벌어지게 될 것이다. 이러한 문화학습의 과정은 수강생을 소외시키지 않는다. 한국문화가 절대화되지 않고 비교문화의 시각 속에서 놓이게 되며, 이민자들이 본래적으로 가지고 있는 문화정체성은 외면과 부정의 대상이 아니게 된다. 그리고 이러한 상호 비교의 과정을 통해 수강생들은 한국문화의 이해뿐만 아니라 수강생들 각자의 문화를 이해할 수 있는 기회가 주어지게 되는데, 이 상황이야말로 실로 글로벌 교육의 전형이라고 본다.[4] 내부자와 외부자가 따로 있는 것이 아니라, 모두가 한반도에 잠시 머물다 가는 인생인 것이다. 결국, 필자는 이민자들이 한국사회에서 소수자로 주변화되는 것이 아니라 문화중개자로 주체적인 삶을 살도록 희망했다. 분명히 이민자들은 출신국가의 문화를 담지한 주체들이고, 이들이 가진 문화는 한국문화보다 반드시 열등하다고 볼 수는 없을 것이다. 이민자들이 출신 지역의 문화와 한국사회의 문화를 상호 비교하면서 궁극적으로 양 지역 사이에서 문화중개자 역할을 수행하는 것이 바람직하다고 보았다.[5]

문화중개자로서의 역할 수행 가능성은 수강생의 보고서에서 확인할 수 있었다. 태국 출신의 수강생은 출신국과 한국의 종교 생활을 비교하고 공통점과 차이점을 기술하라는 과제물에서 불교문화에 주목하였다. 그녀는 한국과 마찬가지로 태국에서도 불교가 신앙의 대상임에 주목하고 있다. 그런데 이렇게 표면적으로 공통점이 있지만, 서로 다른 점도 있음을 부각시키고 있다.

불교가 태국으로 들어온지 기원전 300년이 되었다. 태국에서는 불교를 믿는 사람이 94% 이상이다. 그래서 태국은 불교 나라라고 부를 수 있다. 한국에 있는 불교는 대승불교이고, 태

4) 남호엽, 2009, 「다문화가정 학생을 위한 사회과 학습지도의 원리」, 초등교원양성대학 다문화가정 학생 멘토링 매뉴얼 연구 개발팀, 『다문화가정학생 멘토링 매뉴얼』, 도서출판 레인보우북스, pp. 105-115.
5) 한경구, 2008, 「다문화사회란 무엇인가」, 유네스코 아시아태평양 국제이해교육원 편, 『다문화사회의 이해』, 동녘, pp. 86-134.

국에 있는 불교는 소승불교다. 불교는 인도에서 석가모니로부터 시작했지만 한국 불교는 중국에서 들어오고 태국 불교는 인도에서 들어왔다. 같은 불교 믿음이지만 한국 불교의 사고방식은 유교문화의 영향을 받았고, 태국 불교의 사고방식은 인도 힌두교의 영향을 받았다. 불교를 믿는 한국 사람은 집에서 조상에게 제사도 지낸다. 다른 종교에 대한 상의도 후손을 통해서 집에서 스스로 할 수 있다. 그렇지만 태국 사람은 태어날 때부터 죽을 때까지 종교에 대한 상의를 절에서 해야 한다. 예를 들면, 이름 짓기부터 장례식까지 절에서 스님이 해 주는 것이다. 대부분의 종교의식이 스님을 통해서 진행된다. 한국의 절은 일반 사람과 멀리 떨어진 산 속에 있다. 태국은 각 마을마다 절이 하나가 있어야 한다. 태국 남자는 만 20세부터 성직식에 들어가 스님 생활을 해야 한다. 대부분 결혼하기 전에 한다. 태국 사람들은 스님 생활을 해 본 사람이야말로 사회에서 인정을 많이 받고 성인이 된다고 생각한다. 남자가 스님 생활을 하면 부모에게도 효도 의무를 다한다(○○○ 씨의 과제물 중에서).

태국 출신 수강생은 한국의 불교와 태국의 불교 사이의 차이점을 규명하고 있다. 이 수강생은 불교를 비교문화의 관점에 위치시키면서 한국문화에 대한 이해를 도모하고 있다. 이 과정에서 태국의 불교문화는 일상생활 한 가운데 있지만, 한국의 불교는 속세를 떠나있음을 알게 된다. 아울러 불교문화의 전파 경로에 주목하면서, 한국의 불교신자가 집에서 제사를 지내는 경우를 보고 유교문화와의 관련성을 확인하고 있다. 또한 이 과제 수행을 통해서 수강생은 출신국의 문화에 대하여 이야기를 보다 많이 한다.

결국 이민자의 입장이기 때문에 아직은 출신국의 문화에 대한 이해가 한국문화에 대한 이해보다는 보다 더 풍요로울 것이다. 하지만 출신국의 문화와 한국문화 사이의 비교 사고 활동은 결국 한국문화를 이해하는 과정에서 강력한 출발점이 될 수 있을 것이다. 누구에게나 마찬가지로 낯선 대상은 자신에게 익숙한 것에 기대어 그 이해의 실마리를 찾기 마련인 것이다. 이렇게 이민자들에게 순조로운 인식의 경로를 제공해 주는 것이 필요하다. 즉, 이민자를 대상으로 하는 프로그램이 보다 교육적인 관점에서 고려되어야 하며, 이러한 접근은 문화중개자 형성의 전략 차원으로 다루어질 수 있겠다.

3) 이민자를 대상으로 하는 문화교육 혹은 한국문화 낯설게 보기

이민자를 대상으로 하는 문화교육에서 담당교수 역시 교육적 경험을 하였다. 여기서 말하는 교육적 경험이란 담당교수 역시 인식체계의 재구성을 겪었다는 것이다. 이러한 경험은 첫 시간부터 생겼다. '한국의 위치와 영토'에 대한 강의 중에서 몽골 출신 수강생과의 대화가 그 사례다. 필자가 국토의 시각적 비유로 호랑이에 주목하자 그는 왜 곰이 아니냐고 질문했다. 순간적으로 상당히 설득력 있는 질문이라고 생각했다. 이 질문은 필자에게 많은 생각을 하게 했고, 때문에 그것을 강의일지로 남겼다.

오늘도 역시 국토의 호랑이 비유를 말하자, 몽골 출신 수강생이 '곰 이야기는 뭐냐, 곰이 가장 한국적인 동물이라고 생각했다.'고 말했다. 이 분 역시 단군신화 이야기를 알고 있는 것이다. 늑대와 사슴의 결합 후 탄생한 사람이 징기스칸의 조상이고 몽골인은 그 후손이라는 이야기처럼, 단군신화가 건국신화라면 왜 곰이 한국인의 동물이 아니냐라는 반문으로 들린다. 재미있는 상황이다. 왜 한국인들은 건국신화로 단군신화를 당연시하는데, 곰을 올림픽 마스코트로 선정하지 않았을까? 신화와 현실의 차이를 어떻게 설명할 것인가? 물론 건국신화에 나온다고 해서 오늘날 현대 한국인의 동물로 곰을 주목해야 할 필연성은 없다. 곰은 신화 속의 동물일 뿐이며, 현실은 삶의 공간 그 자체이고, 그 공간에서 마주하는 동물로 호랑이가 있다. 한국인의 조상들은 한반도와 그 주변을 살아가면서 가장 사나운 맹수 호랑이와 관계 맺기가 되풀이되는 일상 그 자체였을 것이다. 그래서 호랑이는 한국인의 동물이지 않을까. 재를 넘어가면서 호랑이가 나타나지 않을까 두려운 것이다(강의일지 중에서).

한국인의 동물이 곰이 아니고 호랑이인 것은 무엇을 시사하는가? 곰 이야기는 단지 신화 속의 동물이고 일상생활에서는 호랑이가 더 밀접한 관련성을 가졌을 것이다. 호랑이는 두려움의 대상이지만, 그 용맹스러움과 기상은 본받고 싶은 것이다. 이렇게 한국인에게 호랑이는 가장 민감한 동물이면서 동시에 경외의 대상이었다.

곰은 관념적인 사변 속에서나 그것도 일부 지식인들의 뇌리에만 자리한 동물이다. 그런고로 한국의 상징 동물은 호랑이다. 몽골 출신 수강생의 질문은 초등학생들도 의문을 가질 수 있는 문제 제기일 것이다. 이러한 문제 제기에 답하면서, 필자는 다시 한 번 더 단군신화가 상대화되는 경험을 하였다. 그래서 의문이 생겼다. 한반도와 그 주변을 살았던 사람들에게 단군신화는 영원한 기억의 대상이었을까?

4) 다문화교육의 측면에서 한국문화를 가르치기

〈한국사회의 이해〉 강좌의 연장선에서 〈한국문화 탐방〉이라는 현장학습 프로그램이 있다. 수강생들이 직접 현장을 방문하여 한국문화를 체험할 수 있는 기회를 제공하자는 취지에서 코스가 주어졌다. 한국문화를 가르치기 위한 현장학습 장소로 선정되는 전형적인 곳이 바로 경주다. 경주 지역에서 다문화가정의 주체들을 대상으로 답사가 진행된다면 반드시 가야 할 곳은 어디일까? 사실 이러한 질문은 한국문화교육을 다문화교육의 관점에서 한다면 어떤 접근법이 가능한 것인지 사고하는 차원이다. 그곳은 바로 계림과 황남고분이다. 왜 그런가? 계림은 주지하다시피 신라 김씨 왕조의 탄생 설화와 관련이 있다. 김알지가 계림에서 발견되었을 때, 그는 금 궤짝 안에 있었고, 그래서 성씨가 김씨가 되었다. 그런데 신라 왕실의 무덤인 금관총과 황남대총 등에서 화려한 금관과 각종 장신구가 출토되었다. 이 무덤이 북아시아 유목민들의 스타일과 유사하며, 학계에서는 신라 왕실과 스키타이족과의 관련성에 주목하고 있다. 신라 김씨 왕조는 경주 지역의 토착세력이라기보다는 북방의 이주민들일 가능성이 높다는 것이다.[6]

스키타이족은 고대 유럽과 중국에 매우 위협적이었던 유라시아 대륙의 맹주였다. 결국 앞의 이야기는 그들의 일부가 한반도 남쪽까지 영향을 미쳤다는 것이다. 사실 이러한 이야기는 몽골에서 이주해 온 사람들에게 매우 고무적인 사실일 것이다. 그리고 이는 한국인들의 입장에서도 순수혈통주의와 단일민족신화를 상대화시킬 수 있는 매개고리다. 지금 현재 우리가 민족이라고 부르는 공동체는 상상적인 관념의 산물이며 근대의 발명품이다. 다문화사회를 살아가는 주체라면, 이제 근대사회를 낯설게 보는 시도가 있어야 할 것으로 보인다. 이렇게 되면 외부와의 관계 정립에서 매우 유연한 사고가 가능하며, 다양성과 공존의 가치를 소중히 하는 마음의 자세가 정립될 것이다.

4. 결론

이 글은 이민자를 대상으로 하는 〈한국사회의 이해〉 프로그램을 개발하고 적용한 실행연구의 일부다. 이중 언어 교수요원 양성과정에서 교양 프로그램으로 기획된 〈한국사회의 이해〉 교과목의 운영

---

6) 한국생활사박물관 편찬위원회, 2001, 『신라생활관』, 사계절.

결과 보고다. 1차 실행의 결과로 도출된 결론은 다음과 같다.

첫째, 이민자를 대상으로 하는 〈한국사회의 이해〉 프로그램은 동화주의 발상에서 벗어나 문화교육의 논리를 표방할 필요가 있다. 이민자들의 입장에서 볼 때, 한국문화는 암기의 대상이 아니라 이해의 대상이다. 이민자들의 생활세계를 고려하면서 일상적이고도 가시적인 문화요소들을 중심으로 교육내용이 선정되어야 할 것이다. 이러한 발상은 사회 인지 발달의 일반적인 궤적을 고려한 결과다. 이민자들은 낯선 곳에서 어린 아이와 같은 발달의 처지에 놓여 있기 때문이다.

둘째, 이민자 교육 프로그램은 이민자들의 마음이 백지 상태라는 전제에서 벗어나야 할 것이다. 출신국의 문화를 지우고 한국문화를 일방적으로 받아들여야 한다는 발상을 버려야 할 것이다. 비교 문화의 관점에서 출신국의 문화와 한국문화를 사고할 수 있는 기회를 제공하는 것이 요청되고 있다. 결국 이러한 비교문화의 시각을 통하여 이민자들은 출신국과 한국 사이에서 문화중개자 역할을 수행할 수 있는 역량을 확보한다.

셋째, 이민자 교육 프로그램을 통해서 한국문화를 상대화시킬 수 있는 기회를 가질 수 있었다. 한국문화가 절대 공간 속에 위치하는 것이 아니라 이민자들의 문화와 관계를 맺고 교섭 상황을 가지다 보니 그 상대적인 위치가 발견될 수 있었다. 이러한 과정을 통해 한국문화의 자명성 혹은 신화적인 지위 등을 해체시킬 수 있었으며, 보다 창조적인 문화인식의 경로를 확보할 수 있었다.

넷째, 향후 이민자 교육 프로그램에서 〈한국사회의 이해〉 강좌는

보다 활동 중심의 접근을 모색해야 할 것이다. 즉, 수강생들이 보다
적극적으로 강좌에 참여할 수 있는 기회를 제공하는 것인데, 이 상
황은 앞서도 언급한 바와 같이 출신국 문화와 한국문화 사이의 비
교 활동을 수행하는 과정이다. 수강생들의 출신국이 다양하면 다양
할수록 이러한 활동은 글로벌 교육의 양상을 가질 것이다. 즉, 여러
지역의 문화가 한 자리에 모여서 서로 대화를 나누는 국면이면서
상호 이해와 공존의 길을 모색하기 때문이다.*

---

* 2009년 『글로벌교육연구』, 창간호, pp. 3-15에 발표한 글을 수정 · 보완함.

제8장

상호 이해와 편견 극복을 위한 수업 실천

1. 이주의 기억에 담긴 편견을 해체하기

20세기 역사는 인류에게 강렬한 경험을 남겼고, 오늘의 세기에 이어지고 있다. 두 차례에 걸친 세계 대전과 여러 국지전은 인류에게 많은 상처를 남겼다. 전쟁과 테러는 평화를 위협하는 대표적인 경우이며, 그 원인은 인간 집단들 사이 갈등에 기초하고 있다. 오늘날 인류의 갈등은 핵전쟁의 가능성을 남기면서 사태를 더욱 심각하게 몰아간다. 인류는 생물학적 종으로서 자신의 몰살을 각오할 정도로 갈등의 양상을 보이고 있다. 이렇게 인간들 사이에서 갈등의 모습이 나타난 이유는 무엇일까? 여러 가지 원인이 있지만, 편견과 고정관념이 한 몫을 하고 있다. 편견과 고정관념이라는 장애물이 있기 때문에 인간들 사이 관계에서 불편함과 소통의 어려움이 발생한다.

지금까지의 연구 성과에 기초하자면, 편견과 고정관념이 생득적이고 유전적이라고 보기에는 어려움이 있다. 이러한 사고방식은 학습의 결과물이다. 편견과 고정관념은 사회·문화적으로 만들어진 산물이다. 편견과 고정관념이 탄생하는 경위가 있다. 만약에 사회·문화적인 과정을 달리 한다면, 편견의 방지나 극복이 가능할 것이다. 가장 전형적인 사회·문화적인 과정으로 학교 교육이 자리하고 있다. 인류의 역사는 교육의 역사이기도 하다. 인간이 문명을 형성하고 사람답게 살아 온 세월은 모두가 교육 덕택이다. 그렇다면, 오늘날 우리가 이 정도까지 문명세계를 만들어 온 것은 그만큼 교육을 통해서 편견을 극복해 왔다는 식으로 생각이 가능할 것이다. 여하튼, 편견과 고정관념의 극복이라는 마음 상태의 변화는 교육을 통해서만이 해결이 가능한 사안임이 분명하다.

편견과 고정관념이 자연적인 현상이라고 보기 어렵다면, 이것은 사회적인 관계로부터 발생하는 현실로 볼 수 있다. 학교에서 가르치는 교과 중에서 사회현실에 대한 합리적인 이해를 추구하는 경우로 사회과교육이 있다. 사회과는 학습자들로 하여금 사회현상에 대한 합리적인 인식을 추구하는 교과다. 그런데, 사회현상이 가치중립적이지 않기 때문에, 사회과는 교과의 지향이 합리적인 사회인식에 기초하여 바람직한 삶의 태도 형성이라는 차원까지 나아간다. 사회적 주체로서 인간이 편견과 고정관념을 가진다는 것은 바람직한 삶의 태도라고 볼 수 없다. 요컨대, 사회과는 교과의 본질에 비추어 볼 때, 편견과 고정관념의 극복을 추구하고 있다. 교육부가 발간한 2007년판 국가 수준의 교육과정에서도 사회과의 성격과 사회과를 공부한 사람의 모습을 다음과 같이 진술하고 있다.

> 사회과는 사회생활에 필요한 지식과 기능을 익혀 이를 토대로 사회현상을 올바르게 인식하고, 민주 사회 구성원에게 요구되는 가치와 태도를 지님으로써 민주 시민으로서의 자질을 갖추도록 하는 교과다. 사회과에서 육성하고자 하는 민주 시민은 사회생활을 영위하는 데 필요한 지식을 바탕으로 인권 존중, 관용과 타협의 정신, 사회 정의의 실현, 공동체 의식, 참여와 책임 의식 등의 민주적인 가치와 태도를 함양하고, 나아가 개인적·사회적 문제를 합리적으로 해결하는 능력을 길러 개인의

발전은 물론 사회, 국가, 인류의 발전에 기여할 수 있는 자질을
갖춘 사람이다.[1]

　사회과 공부를 통해 인권을 존중하고, 관용과 타협의 정신을 내
면화한 사람은 편견 극복이 가능한 존재다. 사회정의의 실현에 앞
장서고, 공동체 의식이 강한 사람은 편견과 고정관념을 가진 사람
이라고 보기 어렵다. 이렇게 사회과의 가치를 내면화한 존재는 편
견 극복의 주체가 될 수 있으며, 교과교육으로서 사회과교육은 반
편견 교육으로서의 의미를 가진다. 이상과 같이 나타난 반편견 교
육으로서 사회과교육의 지향은 교육내용의 선정 과정에서 더욱 현
실적인 모습을 보여 준다.
　국가 수준의 교육과정은 교육내용의 아이디어를 통해 사회과의
가치를 적극적으로 표출하고 있다. 반편견 교육과정으로서의 위상
을 극명하게 보여 주는 사례가 있다. 바로 양성 평등의 사회와 사회
적 약자 및 소수자 권리에 주목하는 경우가 그것이다.

　　성 역할이 변화하고 있음을 이해하고, 양성 평등의 사회를
　　만들기 위한 방안을 모색한다. 이 내용은 우리 사회의 전통적
　　인 성 역할 변화 양상과 양성 평등한 사회 문화를 만들기 위한
　　다양한 노력을 이해하고 양성 평등한 성 역할에 기초한 사회생
　　활 방안을 모색하기 위한 것이다.……(중략)……생활방식의 다

---

1) 교육인적자원부, 2007, 『개정 사회과교육과정』, p. 2.

양성을 이해하고, 사회적 약자와 소수자 권리의 중요성을 이해
한다. 이 내용은 현대사회에서 사람들이 영위하는 삶의 다양한
방식에 대하여 사회적 편견과 고정관념을 갖지 않고 이해하도
록 하며, 사회적 약자들의 권리를 인권 차원에서 파악할 수 있
도록 하는 것에 주안점을 둔다. 예를 들어, 장애인, 이주 노동
자, 새터민, 다문화가정 등 삶의 방식 차이나 사회적 차별로 말
미암아 어려움을 당하는 구체적인 사례를 찾아서 그 원인을 조
사하고, 이들의 권리가 지켜질 방안을 구체적으로 토의하고 이
를 실천할 수 있도록 한다.[2]

　교육과정 해설을 보면, 명시적으로 학습자들이 사회적 약자와 소
수자들에 대하여 사회적 편견과 고정관념을 갖지 않도록 의도하고
있다. 장애인, 이주 노동자, 새터민 등 우리 사회의 마이너리티들에
대한 편견을 극복할 수 있도록 교육내용을 제시하고 있다. 이상에
서 살펴본 바와 같이, 현행 사회과 교육과정에서는 학습자들이 편
견과 고정관념을 가지지 않도록 적극적으로 교육내용을 구성하고
있다. 특히 소수자에 대한 편견과 고정관념을 극복하는 것을 사회
과에서 기르고자 하는 시민의 모습으로 상정하고 있다. 이에, 사회
과에서 반편견 교육은 교과의 본질을 추구하는 과정 그 자체다.
　베넷(Bennett)은 2007년 출판한 저술에서 편견을 '근거가 없거
나 잘못된 정보에서 비롯된 판단이나 신념(보통 부정적)으로부터 형

---

2) 교육과학기술부, 2008, 『초등학교 교육과정 해설(Ⅲ): 사회』, pp. 341-342.

성된 태도'로 보고 있다.[3] 이러한 편견은 단지 개인적인 수준에만 머무는 것이 아니라 집단의 규모로 확대되면서 문제가 심각해진다. 종족 및 민족, 계층, 인종 등 여러 사회집단 간의 관계 설정에서 편견이 개입할 수 있다. 인류 사회에서 평화는 여러 다양한 사회집단 간의 상호 이해에 기초하고 있다. 편견과 고정관념이 개입하면 할수록 인류 사회는 갈등과 폭력으로 치닫는다. 사회과는 민주 시민이라는 사회 주체의 형성을 도모하면서, 사회집단 간의 관계 설정을 학습 대상으로 설정한다. 이하의 내용에서는 사회집단 간의 상호 이해와 편견이라는 상황을 매개로 반편견 다문화교육의 사례를 탐색하고자 한다.

다문화교육의 대부, 뱅크스(Banks)는 그의 저술에서 핵심 개념을 중심으로 조직된 수업 사례를 제안하고 있다.[4] 수업 사례의 경우 중 첫 번째로 제시하고 있는 아이디어가 바로 '역사적 편견 및 역사 지식 구성에 관하여 가르치기'다. 그는 편견이라는 것이 역사적인 활동의 결과물임에 주목하고 있다. 다문화교육의 지향으로 편견 발생의 기제를 학습자가 스스로 경험하고, 그러한 편견을 상대화할 수 있도록 학습의 계기들을 마련하고 있다. 뱅크스는 콜럼버스의 신대륙 발견이라는 통념과 더불어 당시 카리브해에 살고 있었던 아라와크 족의 시선을 교차시키고 있다. 아울러, 아라와크 족의 입장

---

3) Bennett, Christine I., 2007, *Multicultural Education: Theory and Practice*, 김옥순 외 공역, 2009, 『다문화교육: 이론과 실제』, 학지사, p. 127.
4) Banks, J. A., 2007, *An Introduction to Multicultural Education*, 모경환 공역, 2008, 『다문화교육 입문』, 아카데미프레스, pp. 106-112.

이 되어서 콜럼버스에게 메시지를 보내는 활동을 유도하고 있다.

앞서 언급한 베넷의 경우, 다문화교육과정의 콘텐츠를 여섯 가지 측면(다양한 역사적 관점을 발전시키기, 문화적 의식을 강화하기, 간문화적 역량을 강화하기, 모든 형태의 편견과 차별에 맞서 싸우기, 지구의 상태와 전 세계적 역동성에 대한 인식 증가하기, 사회적 행동기술을 형성하기)에 주목하고 있다. 그리고 이 중에서 '다양한 역사적 관점을 발전시키기'를 전면에 내세우고 있다.

> 우리 대부분은 문제영역이 지역적이든, 국가적이든, 전 세계적이든 간에 현대적 사안을 이해하는 데 역사에 무관심한 경향이 있다. 또한 이러한 사안을 주류사회의 관점을 통해서만 보려는 경향이 있다. 유럽계 미국 시민의 정치적 발전을 강조하는 전통적인 교육과정을 통해 이러한 특징을 제공받는 것은 그렇게 어렵지 않다. 예를 들면, 교육과 고용에 관한 소수민족 우대정책에 대해 정보에 근거하고 윤리적으로 타당한 결정들은 극소수의 사람들이 가지고 있는 소수민족과 비소수민족에 대한 관점뿐만 아니라 국가의 역사에 대한 이해를 필요로 한다. 고로 다문화교육과정의 중요 목적은 다양한 역사적 관점을 개발하는 것이다. 이러한 역사적 관점은 앵글로계 유럽인으로 편향되어 있는 시각을 바로잡게 할 것이다. 과거와 현재에 발생하는 세계의 사건들은 다양한 국가의 관점에서 이해되어야 하며, 소수집단과 비소수집단 모두의 관점에서 지역적 사건과 국가적 사건에 대한 해석이 고려되어야 한다.[5]

베넷의 핵심 아이디어는 다음과 같다. 다문화교육은 편견 극복을 지상과제로 하며, 이러한 편견은 상대적인 관점에서 극복될 수 있다. 인간 사회의 역사적 사건은 일면적이지 않고 다면적이며, 소수 집단의 시선에서도 볼 수 있어야 올바른 역사 이해다. 미국이라는 지평에서 연구활동을 수행하고 있는 베넷의 입장에서 볼 때, 앵글로계 유럽인으로 편향된 역사 인식은 교정의 대상이며, 다양한 소수집단의 시각에서 역사를 이해할 수 있는 기회가 학습자에게 제공되어야 한다.

이제 지금까지 살펴본 다문화교육 이론가들의 입장에서 반편견 교육의 사례를 제시하고자 한다. 사례의 주제는 '이주의 기억에 담긴 편견을 해체하기'다. 사실 오늘날 다문화사회는 이주의 지리·역사로 인하여 발생한 결과물이다. 사람들은 여러 가지 이유 때문에 태어난 곳을 떠나 새로운 삶의 영토를 찾아 나선다. 특히 글로벌화에 따른 근대사회의 변화는 국가 간의 이주뿐만 아니라 대륙 간의 이주도 활성화시키고 있다. 이주의 보편화 때문에 지구촌 곳곳이 이제 다문화사회의 특성을 보이고 있다. 인간의 이동은 단지 신체의 움직임에만 머물지 않고, 태도 및 신념의 변화까지도 야기한다. 그런데 신체의 기민함만큼이나 정신세계의 변화도 그러하지는 않다. 이에 편견과 갈등의 발생이 뒤따른다. 다음의 수업활동 사례는 바로 '이주의 기억'을 담고 있는 전형적인 텍스트를 매개로 반편견 다문화교육의 상황을 제시하고자 한다.

---

5) Bennett, Christine I., 2007, *Multicultural Education: Theory and Practice*, 김옥순 외 공역, 2009, 『다문화교육: 이론과 실제』, 학지사, p. 458.

〈수업 예시 자료〉-이주의 기억에 담긴 편견을 해체하기

수업목표:

1. 그림의 구성 요소를 분석하고 등장인물 간의 관계를 추론할 수 있다.
2. 그림에 나타난 편견의 상황을 알고 이를 극복할 수 있는 마음자세를 가진다.

수업활동:

- 교사는 다음의 그림을 제목과 함께 제시한다.

아메리쿠스가 아메리카를 재발견하다. 테오도르 갈레의 판화

- 이성형, 2003, 『콜럼버스가 서쪽으로 간 까닭은?』, 까치, p. 88

교 사: "이 그림은 테오도르 갈레의 판화입니다. 배에서 내린 사람은 누

구인가요?"

학 생: "아메리고 베스푸치입니다."

교 사: "남자와 여자 중 누가 베스푸치인가요?"

학 생: "남자입니다."

교 사: "원주민인 여자의 모습은 어떠한가요?"

학 생: "옷을 입지 않고 있습니다."

교 사: "여러분들이 보기에 누가 더 똑똑하고 현명하게 보입니까?"

학 생: "남자입니다."

교 사: "아메리카 땅의 원주민들은 어떤 모습으로 보입니까?"

학 생: "미개한 모습입니다."

교 사: "그렇다면, 과연 아메리카 원주민들은 미개한 사람들이었을까요? 다음의 그림을 봅시다."

－이성형, 2003, 『콜럼버스가 서쪽으로 간 까닭은?』, 까치, p. 92

교 사: "앞의 그림은 13세기 마야인들의 상형문자 기록입니다. 마야인들의 천문학 지식을 보여 주고 있습니다. 그림의 왼쪽은 금성의 운행을 기록한 것이라고 합니다. 아메리카 원주민들은 과연 미개인들이었을까요?"

학 생: "아닙니다."

교 사: "앞의 판화를 그린 사람은 아메리카 원주민일까요? 아니면 유럽에서 온 사람일까요?"

학 생: "유럽에서 온 사람입니다."

교 사: "앞의 판화에서 화가는 왜 원주민들을 미개하게 나타냈을까요?"

학 생: "원주민은 미개하다는 편견이 있기 때문입니다."

교 사: "앞의 판화에 나타난 문제는 무엇일까요?"

학 생: "편견과 고정관념으로 원주민들을 보고 있습니다."

교 사: "원주민의 입장에서 아메리카를 방문한 베스푸치에게 편지를 작성해 봅시다. 친구들과 서로 편지를 바꾸어 읽어 봅시다."

　앞의 수업 사례는 다양한 시각에서 역사적 사건을 조망할 수 있는 기회를 학습자에게 제공하자는 취지에서 만들어졌다. 유럽 중심주의에 담겨져 있는 역사적인 편견을 해체하고 다양한 시각에서 역사 현상을 이해할 수 있는 계기 마련에 주안점이 있다. 이와 같이 사회과에서 반편견 교육은 현상을 다양한 시선에서 이해할 수 있도록 하는 것이 중요하다. 사회현상을 일면적으로만 보는 것이 아니라 입체적으로 파악할 수 있는 비판적 사고가 요청되고 있다. 이상과 같이, 이주의 기억 속에 담긴 편견과 고정관념의 해체는 사회과에서 길러 주고자 하는 교육받은 모습, 즉 상호 이해와 평등한 협

력 자세를 기르는 과정이며, 이는 문화 민주주의의 추구 상황이기
도 하다. 요컨대, 사회과 반편견 교육은 문화 민주주의를 확장하고
자 하는 시도들과 맞닿아 있다.

2. 역사 속의 타자를 상대화하기

최근 인류 사회의 구성원들 사이에 널리 회자되는 용어 중 하나
가 글로벌화다. 언제부터인가 글로벌화는 이렇게 우리들의 일상생
활 가까이에 다가와 있다. 글로벌화의 의미는 '지구촌 사회'라는 말
속에 잘 나타나 있다. 지구라는 행성에 살고 있는 구성원들이 하나
의 마을처럼 가까워졌다는 말이다. 지구인들은 과거 그 어느 때보
다도 상호 영향력이 증대한 현실 속에서 살고 있다. 글로벌화의 흐
름 속에서 예외적일 수 있는 장소는 세계 그 어디에도 없다. 한반도
는 글로벌화의 현실 중 일부이고, 글로벌화에 영향을 주기도 한다.
세계 자본주의의 움직임 속에 한국경제 역시 일정하게 자리하고 있
다. 고용 시장은 이미 오래 전에 한 나라의 테두리를 벗어나 있다.
경기도 안양시 시화호 주변에 있는 국가산업단지에는 많은 수의 이
주 노동자들이 일하고 있다. 서울시 가리봉동은 중국에서 이주 노
동자로 건너 온 사람들에 의하여 마을의 특징이 잡혀 있다.

아시아 각지에서 '코리안 드림'을 찾아 사람들이 이주해 오고 있
다. 중앙아시아, 남부아시아, 동남아시아 그리고 동북아시아 곳곳에
서 한반도로 이주 노동자들의 유입이 이루어지고 있다. 이러한 양

상 속에 몽골 지역에서도 많은 이주 노동자들이 국내에 들어오고 있다. 이들의 경우, 가족 모두가 입국하는 경우가 특징적이다. 아버지가 먼저 오고, 어머니가 그다음에 오고, 마지막으로 아이들이 온다. 이렇게 가족 모두가 국내에 들어오는 경우, 학교에 새로운 과제가 나타난다. 부모의 뒤를 이어 이주해 온 아이들의 경우, 한국어 소통이 거의 불가능한 처지다. 이 경우에도 아이들을 지역사회에 방치할 수 없기 때문에 인근 학교에서 가르쳐야 한다. 최근 서울교육대학교에서 양성한 이중 언어 교수요원들은 바로 이들에게 자국어로 한국어를 가르쳐 준다. 이중 언어 교수요원들의 노력, 부모의 후원 등 한국에서의 삶은 이들에게 언어 문제의 해결을 어느 정도 가능하게 해 준다. 언어 소통이 가능해지면, 모든 문제가 해결된 것인가?

필자는 '역사 속의 타자를 상대화하기'라는 주제로 사회과 반편견 교육에 관한 아이디어를 공유하고자 한다. 사실 우리가 이방인들을 만날 때, 이들은 다른 사람, 즉 타자다. '우리'와 '그들' 사이에는 경계가 있으며, '그들'에 대한 관계 설정은 중대 사안이다. 여기서 '그들'에 대한 사고방식이 편견에 의해 고정관념으로 고착화할 가능성이 있다. 다문화교육은 타자에 대해 유연한 태도를 가지면서 공존의 길을 걸어갈 수 있도록 열린 마음을 길러 주고자 하는 발상이다. 그렇다면, '그들'의 반대편에 서 있는 '우리'라는 범주는 어떻게 탄생했을까? '우리'는 나를 포함하는 여러 집단의 주체들이다. 근대사회에서 가장 강고하게 결집된 '우리'가 바로 '민족공동체'다. 민족공동체는 매우 자명한 대상으로 파악되지만, 사실상 역사적인 산물이다. 앤더슨(Anderson)은 자신의 저술에서 민족을 역사적이고 문화적인 구성물로 파악하였다.[6] 오늘날 우리가 너무나 당연하다고 생각하는 민족이라는 관념이 언젠가는 변형되고 사라질 수도 있는 것이다. 이러한 사고방식이 가능하기에 민족이라는 이름의 '우리'를 절대화하려는 힘으로부터 좀 더 유연해질 수 있다. 더 나아가 민족이라는 공동체 내부 구성원들이 순수혈통을 공유하는 집단인지 의문을 가지는 데까지 확산적인 사고가 가능해질 수 있다.

다시 부모를 따라 한국에 온 몽골 아이의 사례로 되돌아가 본다. 학기 초에 몽골 아이 '바토르'는 6학년 교실에 들어 왔다. 반 아이들은 5학년 시절을 함께 보내지 않았고, 무엇보다도 몽골에서 왔다는 이야기에 호기심 어린 시선을 보낸다. 초등학생들은 어른들보다 이질성에 대해 훨씬 관대하다. 처음에는 차이가 주는 생경함에 놀라지만 그러한 차이는 쉽게 극복되며 금방 친구 사이가 된다. 다소 통과의례가 있을 수도 있지만, 학급에서 경험을 공유하면서 연대 의식을 가진다. 물론 담임교사의 여러 가지 배려 장치들에 의하여 몽골 아이 '바토르'는 학교에 빨리 적응할 수 있다. 그런데 문제는 공식적인 교육과정에서 나타난다.

초등학교 교육과정에서 한국이라는 지역 내부와 그 외부 사이의 관계 설정을 다루는 교과는 바로 사회과다. 사회과는 한국인으로서의 정체성을 기르는 가장 전형적인 교과다. 사회과 교육과정은 매우 다양한 방식으로 학습자들을 한국인으로 성장해 나가도록 한다.

---

6) Anderson, B., 1991, *Imagined Communities: Reflections on the Origin and Spread of Nationalism*, 윤형숙 역, 2004, 『상상의 공동체: 민족주의의 기원과 전파에 대한 성찰』, 나남.

사회과 교육내용 중에서도 '국사' 분야는 민족 구성의 스토리로 가득 차 있다. 오늘날 한국인들이 가지고 있는 외부 세계에 대한 관념은 거의 대부분이 '국사' 내용을 통해서 만들어졌다. 그래서 우리는 외부 세계를 어떤 방식으로 교재화하고 있는지 검토할 수 있다. 주지하다시피, 몽골은 고려시대의 역사 이야기 속에서 우리 민족을 침략한 북방 세력으로 전형화되고 있다.

> 중국을 정복하고 아시아의 대부분과 유럽의 일부까지 지배했던 몽고가 고려를 침략해 왔다. 압록강을 건넌 몽고군은 귀주성이 무너지지 않자, 귀주성을 내버려 두고 남쪽으로 내려왔다. 고려의 군대와 백성들은 힘을 합쳐 몽고군에 맞서 싸웠다. ⋯⋯(중략)⋯⋯ 그 후에도 몽고는 계속 고려를 침입하였고, 고려는 이에 맞서 싸웠다. 그러나 고려는 약 40년간의 항쟁을 끝으로 몽고와 강화하였고, 이후 몽고의 간섭을 받았다.[7]

앞의 교과서 서술 내용은 특정 세력을 타자화하고 있는 전형적인 방식이다. 여기서 나의 논점은 몽골의 침략을 역사적인 허구로 보자는 것이 아니다. 논점은 초등학교 교육과정 전체에서 몽골 지역 이야기가 다른 방식으로 서술되고 있는 경우가 없다는 것이다. 우리는 대몽항쟁의 역사 이야기만을 통해 몽골 지역을 표상할 수밖에 없는 처지다. 대몽항쟁의 역사 시간에 몽골에서 온 '바토르'는 어떤

---

7) 교육과학기술부, 2011a, 『사회 6-1』, 두산동아, p. 31.

처지에 놓이는가? 교재 내용과는 상관없이, 사회과 수업이라는 담론공동체에서 '바토르'는 포용과 연대의 범주에 자리할 수 있는가? 공식적인 사회과 교육과정에서 가르치는 몽골에 대한 기억은 다분히 부정적인 색채다. 사실 이러한 교육과정의 내용은 다문화 반편견 교육의 논리에 비추어 보자면 아쉬움이 있다. 한반도에 살고 있는 사람들에게 몽골 지역에서 온 사람들에 대한 기억은 반드시 부정적인 측면만 있는 것인지 숙고가 필요하다. 고대 역사 시기로 가면, 이렇게 고정된 기억은 금방 상대화된다.

2009년 7월 18일, KBS 역사 스페셜은 통일신라의 주역들인 김씨 왕조를 주목하였다. 이 방송에서 이들은 경주 땅의 토박이가 아니며, 지금의 몽골 지역에서 이주해 온 사람들임을 밝혔다. 고고학적 발굴과 사료 분석에 의하자면, 이들은 중국에서는 흉노라고 부르고, 서양에서는 스키타이라고 부르는 사람들이다. 삼국을 통일한 중심 세력들이 경주 땅의 토박이가 아니라 이주민들이라는 사실은 오늘을 사는 우리들에게 상당히 충격적이다. 한반도와 그 주변에서 고대사를 살았던 사람들은 근대인들의 사고방식에 비추어 보면 이해하기 어려운 측면들이 있다. 근대인들은 민족국가의 신화 속에서 사고하기 때문이다. 근대사회의 주체들은 국가라는 테두리 내부에서 그 외부를 사고하는 습관이 매우 강하다. 그러나 고대 역사의 주체들이 오늘날 우리와 동일한 사고방식을 추구했다고 보기에는 어려움이 있다.

역사 쓰기란 현재적 선택의 문제다. 타자에 대한 적대성을

부각하며 국가주의적 내부 통합을 강화하기 위해 역사 속의 전
란들을 '타민족과의 영웅적 항쟁'으로 쓸 수 있는가 하면, 타자
들과의 섞임, 어울림, 교류를 중심에 놓는 역사를 저술함으로써
국경을 넘는 지역공동체 만들기를 지향할 수도 있다.[8]

앞서 국정 교과서에 나타난 대몽항쟁의 역사 이외에 다른 역사
서술은 불가능한 것이 아니다. 몽골 지역과 한반도 지역 사이의 문
화 교류와 이주의 기억들을 다루는 것이 가능하다. 그래서 학생들
이 대몽항쟁의 역사만 기억하는 것이 아니라 교류와 전파의 역사
내용도 학습하면서 글로벌 시대 다문화 공생의 미덕을 가꾸어 나갈
수 있을 것이다.

---

8) 박노자, 2010, 『거꾸로 보는 고대사』, 한겨레출판, p. 55.

〈수업 예시 자료〉-역사 속의 타자를 상대화하기

수업목표

1. 동아시아 구도 속에서 신라사회의 특성을 이해할 수 있다.
2. 고대사의 구성원들이 살아간 모습을 통해 다문화주의의 시각을 기를 수 있다.

수업활동

〈사진 A〉

- 교사는 〈사진 A〉를 제시하면서 질문한다.

교 사: "여기는 어디일까요?"

학 생: "모르겠습니다."

교 사: "〈사진 A〉에 나오는 숲에서 본 모습이 〈사진 B〉입니다. 여기는 어디일까요?"

학 생: "경주입니다."

〈사진 B〉

교 사: "〈사진 A〉의 장소는 어디일까요? 혹시 아는 사람 있나요?"

학 생: "네. 계림입니다."

교 사: "계림은 어떤 장소입니까?"

학 생: "김알지 탄생 설화의 장소입니다."

교 사: "김알지는 누구입니까?"

학 생: "신라 김씨 왕조의 시조입니다."

교 사: "신라 김씨 왕조가 한 일은 무엇인가요?"

학 생: "삼국통일의 주역입니다."

교 사: "그럼, 김씨 왕조들은 어디에서 왔을까요?"

학 생: "원래 신라 사람들이 아닌가요?"

교 사: "김씨 왕조들은 지금의 몽골 지역에서 이주해 온 사람들이라고 합
　　　니다."

학 생: "믿기지 않습니다."

교 사: "그럼, 과연 김씨 왕조들이 몽골 지역에서 왔는지 다 함께 공부해
　　　봅시다."

몽골에서 부모를 따라 이주해 온 아이들, 더 나아가 부모 중 한 사람이 몽골 출신인 다문화가정의 자녀들도 우리 시대 한국인으로 살아가야 하는 것이 작금의 현실이라면, 역사 속의 타자를 상대화 하는 작업은 매우 시급한 과제다. 대몽항쟁의 기억만 간직하는 것 이 아니라 우리 역사를 풍요롭게 한 원천 중 하나로 몽골을 기억할 수 있어야 할 것이다. 이렇게 역사적 기억의 다양체들이 형성될 때, 이주자들을 따뜻하게 품을 수 있다. 증오와 갈등의 역사만 있는 것 이 아니라 교류와 협력의 역사도 있음을 각인하는 것이 매우 중요 하다. 역사 속의 타자를 상대화할 수 있어야 비로소 역사를 풍요롭 게 해석할 수 있는 힘이 만들어지며, 이러한 지성의 힘이 모여야 인 류의 미래가 밝다.

역사적으로 중국인들은 주변 국가의 사람들을 오랑캐라고 불렀 다. 오랑캐라는 표현은 타자화의 담론이다. 타자들은 중심으로부터 저 멀리 떨어져 있는 변방의 사람들이다. 타자들은 삶의 주역이 될 수 없으며, 비정상의 주체들이다. 비정상이기 때문에 이들에 대한 대우가 야만적이라고 할지라도 정당화된다. 앞서도 살펴보았듯이, 중심과 주변, 동일자와 타자 그리고 정상과 비정상의 분류 체계는 절대적이지 않다. 그 경계들은 생득적이거나 고정불변의 것이 아니 다. 지리ㆍ역사적으로 만들어진 사회 구성물이며, 힘의 역학 관계 에 따라 가변적이다. '우리'가 지금 현재 자연화하고 있는 표상 체 계 속의 '그들'은 타자화 과정의 결과물이다. 그렇다고 해서 비관적 일 필요는 없다. 표상 체계를 달리하면 관계의 새로움을 모색할 수 있기 때문이다. 다만 문제가 되는 것은 어떤 표상 체계를 추구할 것이냐이며, 왜 그러한 표상 체계를 구축하였는지 정당화 논리를 제시할 수 있어야 한다. 지금까지 계속 그러해 왔기 때문에, 익숙하다는 이유만으로 현재의 표상 체계를 옹호한다면, 그러한 표상 체계가 간직하고 있는 문제점들, 오류들, 한계들이 보이지 않는다. 그리고 그러한 표상의 체계를 유일하다고 고집한다면, 그 체계 안에 신음하는 타자들을 희망의 반대편으로 위치시키기 때문에 반인간적이다.

역사 속의 타자들은 여러 경우들이 있다. 수나라, 당나라, 몽골, 거란, 여진 그리고 일본 등은 역사적으로 항상 '악마'들인가? 이들은 한반도에 살고 있는 사람들에게 언제까지나 무익한 존재들인가? 혹시나 근대의 사고방식을 절대화하여 모든 역사적인 순간들에 무차별적으로 적용한 결과로 인하여 발생한 관념 체계는 아닐까? 역사와 지리 그리고 문화를 이해하는 방식이 이분법적인 구도로만 구획화될 경우와 그렇지 않고 다양한 각도로 다가설 수 있는 여지가 있는 경우를 비교해 본다면, 어떤 의미 효과의 차이가 있을까? 아울러, 우리 역사는 항상 한반도 내부에서만 파악해야 한국사가 될 수 있는지, 아니면 동아시아 관계의 흐름 속에서 더 나아가 글로벌 역사의 과정 속에서 보아야 하는 것인지 이러한 의문들이 생긴다. 역사 속의 타자들을 절대화하는 오류에서 벗어나고 다문화 상생의 시대를 열어 가야 한다면 어떠한 선택의 논리를 가져야 할까?

3. 편견 극복을 위한 글로벌 교육

편견의 대상은 참으로 다양하다. 근대사회에 와서 전형적인 사례 중 하나가 바로 특정 국가에 대한 편견이다. 누구에게나 좋은 나라와 싫은 나라를 말하라고 하면 구별이 가능하다. 그런데, 중요한 점은 좋은 나라와 싫은 나라를 구분하는 잣대가 객관적인 기준에 기초하지 않는 것이다. 좋고 싫은 이유는 누구에게나 보편적으로 받아들일 수 있는 사안이 아니다. 따라서, 특정 국가들에 대한 선호에서 일정하게 편견이 개입하고 있고, 이러한 편견의 개입 과정이 극복의 대상이다.

일본의 학자, 니시카와 나가오(西川長夫)는 흥미로운 조사결과를 보고하고 있다.[9] 즉, 일본에서 좋아하는 나라와 싫어하는 나라에 대한 설문조사 결과를 제시하고 있다. 시대에 따라 설문조사 결과가 다르게 나왔다. 1940년에 좋아하는 나라 1순위는 독일이었고, 패전 후에는 미국이었다. 제2차 세계 대전 시기 제국으로서의 일본은 독일과 친밀감을 가졌고, 전쟁이 끝나고 난 뒤에는 미국 지향주의가 팽배하였다. 아울러, 과거 중국은 싫어하는 나라 중 상위였으나, 이제는 좋아하는 나라로 속한다. 중국어 전공자의 수가 늘어나고 있는 것이 그 증거이며, 이는 중국 국력의 신장을 배경으로 하고 있다.

---

9) 西川長夫, 2001, 『國境の越え方』, 平凡社, 한경구·이목 역, 2006, 『국경을 넘는 방법』, 일조각. pp. 30-35.

이것이 함의하는 바는 무엇인가? 시대적인 배경과 문화적인 맥락에 따라 좋아하고 싫어하는 나라가 달라질 수 있다. 국가에 대한 선호도는 생득적인 것도 아니고, 절대 고정불변의 대상도 아니다. 이렇게 어떤 국가에 대한 선호 양상은 사회적인 기제의 작동 결과이며, 편견과 오해의 개입 여지가 있다.

사실 국가에 대한 편견은 오랜 세월 동안 세계 각지에서 있어 왔다. 조선시대의 우리 조상들은 중화주의에 물들어 있었다. 중국은 세계의 중심이며, 조선은 그런 중국과 교류하면서 일정한 역할을 수행한다고 보았다. 주변부 의식을 당연한 것으로 받아들이고, 사대주의의 태도를 가졌다. 이러한 사고방식은 고지도에도 잘 나타나고 있다. 조선이 그린 세계지도 '혼일강리역대국도지도'를 보더라도, 지도의 중심은 중국이며, 한반도는 주변에 위치한다. 물론 이 지도는 현실의 질서를 반영한다. 지정학적인 관계 구도 속에서 작동하고 있는 힘의 구조를 담고 있다. 그런데 중요한 점은 이러한 힘의 흐름을 과도하게 지도 속에 나타내고 있다는 것이며, 지나친 비약은 편견과 고정관념의 산물이다.

국가에 대한 편견이나 고정관념은 오늘날에도 존속한다. 세계지도는 나라마다 다양한 모습을 보여 주고 있다. 세계지도는 현실의 표상이며, 그 표상 방식은 천차만별이다. 각국은 자신의 나라가 세계의 중심임을 나타낸다. 중심과 주변의 관계 구도 속에서 다른 나라에 대한 입장이 표현된다. 그런고로 세계지도는 결코 중립적인 표현이 아니다. 지도는 필연적으로 편견의 반영 양상이 보인다. 객관성을 가장한 편견의 구조가 작동하고 있다. 따라서 편견 극복의 어려움은 이렇게 편견 자체가 너무나 자연스러운 모습을 취하고 있기 때문에 나타난다.

특정 국가에 대한 편견은 자민족중심주의의 연장선에 있다. 가치 판단의 기준은 자국의 이익에 부합하는 여부에 달려 있다. 이러한 자민족중심주의의 극복 방법은 탈중심화의 전략이 유효하다. 집단적인 에고이즘의 극복이 요청되고 있는 바, 이는 글로벌 시민교육을 통해서 가능하다. 최근 게이어존(Gerzon)은 『당신은 세계시민인가』라는 저술에서, 다섯 가지 시민의식 소프트웨어를 말하고 있다.[10]

〈표 8-1〉 시민의식 소프트웨어

단계	세계관	주의
시민 1.0	자기 자신을 기반으로 하는 세계관	자기 중심주의
시민 2.0	자기 단체를 기반으로 하는 세계관	이념 중심주의
시민 3.0	자기 국가를 기반으로 하는 세계관	사회 중심주의
시민 4.0	여러 문화를 기반으로 하는 세계관	다수 중심주의
시민 5.0	지구 전체를 기반으로 하는 세계관	지구 중심주의

시민 3.0은 국수주의를 말한다. 국가에 대한 편견을 가진 주체는 시민 3.0 수준에 머물고 있는 셈이다. 시민 4.0 수준은 단지 한 개의 문화에만 속하지 않는 경우다. 따라서, 시민 1.0에서 시민 5.0까지의

10) Gerzon, M., 2010, *Global Citizens*, 김영규 역, 2010, 『당신은 세계시민인가』, 에이지21, pp. 39-40.

흐름은 에고이즘의 극복, 탈중심화의 추세라고 볼 수 있다. 다른 국가에 대한 편견을 극복한 사람은 시민 4.0 및 시민 5.0의 경우다. 따라서 시민 4.0, 시민 5.0의 모습에서 타 국가에 대한 편견 극복의 논리를 찾을 수 있다. 특히, 게이어존이 보기에 시민 5.0은 모든 편견을 극복한 포용의 마음 자세를 보인다.

> 다문화 세계관을 초월한 시민 5.0은 모든 인류 문화뿐만 아니라 생명이 있는 모든 것을 포용한다. 시민 5.0은 다국적인 것이 아니라 국적을 초월한 개념이다. 즉, 인간 차원에 한정하지 않고 인간의 생명을 포함한 모든 생명의 근본은 자연 그 자체라는 깨달음이다. 호모 사피엔스는 우리가 지구 행성이라 부르는 이 집의 손님이며 우리의 건강과 안녕, 그리고 번영은 궁극적으로 집주인에게 달려 있다.[11]

게이어존의 시민의식 소프트웨어에 비추어 볼 때, 특정 국가에 대한 편견 극복하기는 글로벌 시민 형성을 통해서 가능하다. 학습자가 글로벌 시민이 되려면 체계적인 교육을 받아야 한다. 뱅크스(Banks) 등(2005)은 글로벌 시민교육을 위한 4가지 원칙을 다음과 같이 제시하고 있다.[12]

---

11) Gerzon, M., 2010, *Global Citizens*, 김영규 역, 2010, 『당신은 세계시민인가』, 에이지21, p. 46.

12) Banks, J. A. et al., 2005, *Democracy and Diversity: Principles and Concepts for Educating Citizens in a Global Age*, The Center for Multicultural Education at the University of Washington, pp. 11-14.

1. 학생들은 자신이 속한 지역사회, 국가 그리고 세계 속에서 통일성과 다양성이 맺고 있는 복잡한 관계에 대해서 배워야 한다.

2. 학생들은 지역사회, 국가, 지역의 구성원들이 전 세계 다른 사람들과 점점 더 상호의존적인 관계를 맺어 가는 양상에 대해 학습해야 한다. 그리고 사람들이 전 세계적으로 일어나는 경제, 정치, 문화, 환경, 기술의 변화와 밀접하게 관련되어 있음을 배워야 한다.

3. 인권 교육이 다문화 국가의 시민성 교육과정과 프로그램의 기반이 되어야 한다.

4. 학생들은 민주주의와 그 제도에 대한 지식을 배워야 하며, 민주주의를 실천해 볼 수 있는 기회를 제공받아야 한다.

글로벌 교육의 핵심은 전 세계적인 규모에 상호의존성의 관계를 알도록 하는 것이며, 이는 민주주의 교육의 논리에 부합한다. 학습자들은 국가 간 상호의존성의 관계를 알고 공존과 협력의 자세를 배워야 한다. 이렇게 학습자들이 글로벌 상호 이해의 마음 자세를 가진다면, 국가 간의 편견을 극복하기에 용이할 것이다.

특정 국가의 편견은 주로 과거의 기억들이 집단적으로 누적된 결과다. 국가 간의 편견은 소위 집단 기억(collective memory)의 산물이다. 국경을 인접한 국가들 사이에서 이러한 편견이 나타난다. 국경을 마주한 독일과 프랑스의 관계, 한국과 일본의 관계가 대표적인 사례다. 이들 국가 사이에는 전쟁이라는 역사적 사건을 공유하고 있다. 전후 청산이 분명하지 않은 한일 양국의 관계에서 피해자의 처지가 이러한 편견을 오래도록 가지게 하였다. 그리고 특정 국가에 대한 편견은 영토 분쟁의 상황이 도래하면 더욱 극명하게 분출한다.

한국과 일본의 관계에서는 독도 및 동해 지명의 갈등, 한국과 중국 사이에서는 동북공정을 둘러싼 갈등 등 인접 국가 사이에 충돌이 나타날 때, 해당 국가에 대한 고정관념 및 편견은 더욱 강화된다. 그렇다면, 이러한 지정학 현실을 고려하건대, 국가 간의 편견 극복 및 상호 공존을 위한 교육은 불가능한 것인가? 이하의 내용은 이러한 한계 상황을 돌파할 수 있는 접근 방식을 제시하고자 한다.

먼저, 상호협력의 측면에서 사고하는 영토교육의 접근 사례를 소개한다. 최근 한국과 일본 사이의 현안 문제는 바로 독도 영유권을 둘러싼 갈등이다. 일본 정부는 그동안 독도 영유권을 집요하게 주장해 왔고, 사회과 교과서에도 그것을 명시화하는 단계까지 왔다. 학교 교과서에 독도가 일본의 영토라고 명시하니, 갑자기 한국 내에서 독도 교육에 대한 관심이 급부상하였다. 정부출연기관이 중심이 되어 독도 부교재를 만들어 보급하면서 영토교육을 강화하고 있다. 국내에서 독도를 매개로 한 영토교육의 전략은 한마디로 말해서 역 동일시의 전략이다. 일본에서 독도를 자기네 땅이라고 우기니, 한국도 가만히 있을 수 없다는 식이다. 실효적으로 지배하고 있지만, 이제는 독도 이야기를 학생들에게 충분히 가르쳐야 한다는 논리 구조다. 영토교육의 접근법이 일국주의의 테두리에 있으며, 다문화교육 및 국제이해교육, 글로벌 교육 등 상호공존의 논리를 모색하는 사회과교육의 시도와 충돌한다. 학생들 입장에서는 상호 충돌하는 교육의 논리로 인하여 혼란에 빠진다. 한 쪽에서는 상호공존 및 협력을 추구하고, 다른 한 쪽에서는 배타적인 영역성을 도모하기 때문이다. 영토교육의 새로운 접근 방식은 불가능한 것인가?

필자는 일본 내부에 존재하고 있는 시민사회에 주목하고자 한다. 일본 구마모토현에 있는 '한일 시민 교류를 진척시키는 모임'의 경우, 일본의 독도 영유권 주장은 부당하다는 성명을 2008년에 발표했다.[13] 이 모임은 한국의 지역사회 시민단체와 활발히 교류하고 있다. 한국의 영토교육에서 독도를 다룰 경우, 이러한 모임을 소개하고 교류 협력할 수 있는 기회를 마련해야 한다. 모든 일본 사람들이 독도를 자국의 영토라고 생각하지 않는다는 사실, 그리고 일본 시민사회 내부에서 독도 영유권 주장은 '지리왜곡'이라고 간주한다는 사실을 영토교육의 내용 속에서 다룰 수 있다. 독도 영유권 논란은 단순히 자국의 이익 추구 차원으로만 환원하여 생각하는 정념주의에 의해 해결할 수 있는 사안이 아니다. 영토교육은 합리적인 지성의 발현 과정 속에서 소통과 공감을 만들어 낼 수 있어야 한다.

한편, 한국에 대한 편견을 제거하기 위한 시도로 민간시민단체 '반크'의 활동 사례는 매우 모범적이다. 이 민간단체는 한국 관련

---

13) 고경호, 2008, 「일본인이지만 日 독도 영유권 주장 부당」, 『대전일보』, 8월 20일 자 기사.

오류를 시정하도록 전 세계의 기관 및 단체들과 교류하고 있다. 다른 나라에서 나타나고 있는 한국 관련 왜곡 사례를 수집하여 해당 국가 기관 및 사회단체에 시정을 요구하는 경우 등이다. 이들이 보기에 한국 관련 오류는 우리나라에 대한 고정관념 및 편견의 원천이다. 따라서, 우리나라에서 정확한 정보를 해당 국가 및 단체에 제공하여 바로잡도록 하는 역할을 수행한다. 민간단체 '반크'의 활동 상황은 교육적으로 시사하는 바가 크다. 이들의 활약상을 단지 소개하는 수준에만 머무는 것이 아니라 활동에 동참하도록 권하는 것도 의미 있다. 실지로 이들은 독도 이야기를 전하면서 '분쟁지역'이 아닌 '세계평화의 상징'으로 장소화를 추구하고 있다. 학생들은 반크 활동을 수행하면서 한국인으로서의 주체성을 확립하고 동시에 동아시아 및 글로벌 평화 연대의 가능성을 타진한다.

'반크'의 활동은 국수주의에 함몰되지 않도록 유의하고 있다. 한국인으로서의 자긍심을 가지도록 하는 것이 타국에 대한 편견을 강화하는 방향으로 가지 않도록 전략을 구사하고 있다. 즉, 자신들의 활동이 배타적인 영역화로 가지 않고, 개방적인 영역성의 추구가 되도록 의도하고 있다. 개방적인 영역성이란 무엇인가? 바로 자신의 고유성을 확인하면서도, 경계의 외부에 위치한 대상들을 억압하고 배제하지 않으며, 차이를 인정하고 공존의 길을 걸어가도록 한다. 특정 국가에 대한 편견을 극복하고 상호협력과 공존의 논리를 추구한다. 요컨대, 지리왜곡을 극복하기 위한 영토교육의 논리는 단지 자국 내에서만의 우격다짐이 아니라, 글로벌 국제 교류와 협력의 과정 속에서 합리적인 문제해결을 추구하는 양상이어야 한다.

한편, 특정 국가에 대한 반편견 교육은 그 시선이 외부로만 향해서는 곤란하다. 우리 사회 내부에서도 외국에 대한 왜곡이나 오해는 없는지 되돌아보아야 한다. 중국과 일본의 역사왜곡만 비난하는 것이 아니라, 우리 자신의 역사인식 속에서 오류와 편견은 없는지 비판적인 검토가 요구된다. 외부의 편견에 대해서는 예민하면서도 자신의 편견에 대해서 너무 관대하지는 않은지 살펴보아야 한다.

이제 보다 선명하게 특정 국가에 대한 편견 극복의 과정을 교육의 논리로 구조화해 보자. 무엇보다도 반편견 교육은 막연한 국제이해교육이 더 이상 아니다. 글로벌화의 현실을 적극적으로 고려해야 한다. 또한 글로벌화를 관념적인 수사학으로만 사유해서는 곤란하다. 기존의 국제이해교육은 A라는 국가의 국민과 B라는 국가의 국민 사이의 교호성의 증진에 초점을 두었다. 국경의 외부에 있는 여러 나라들은 단지 외국이라는 범주로 귀속되면서 등가적이다. 사실 유럽인들이 보기에 한국인은 아시아 여러 나라 사람 중 하나다. 서양 사람들이 한국인들에게 편견이 있다면, 아시아 사람 전반에 대한 오해 속에서 한국인도 함께 자리하고 있다. 따라서 특정 국가에 대한 반편견 교육의 논리를 구축하는 과정에서, 단순한 국제 이해의 차원에서 사고하는 것이 아니라 공간 스케일의 사유를 고려해야 한다.

여기서 말하는 공간 스케일이란 내부와 외부를 사유할 때 평면적이지 않고 입체적인 사고, 단순하지 않고 복합적인 관계 국면을 모색하는 것을 말한다. 즉, 한국에서 편견 극복을 위한 글로벌 교육은 국제이해교육의 단순 구도가 아니라 동아시아 평화교육을 매개로 하면서 글로벌 상호 이해교육으로 나아가는 중층 구도를 말한다.

즉, 우리가 추구하는 글로벌 교육은 관념적인 수사학 혹은 도덕주의의 발로 차원이 아니다. 우리가 발 딛고 서 있는 사회적이고도 구체적인 시·공간 좌표의 스펙트럼 속에서 편견 극복의 교육론을 모색한다. 요컨대, 편견 극복 및 상호 이해를 시·공간 교육의 논리로 추구한다.

편견 극복은 상호의존성의 확인을 통해서 가능하다. 상호의존성의 시·공간 구조에 대한 이해가 필수적이다. 자국과 타국 사이의 관계 설정은 막연한 만남이 아니다. 사회적인 시·공간의 복합국면들이 작동하고 있다. 학습자들이 상호의존의 위치와 맥락성을 파악할 수 있도록 해야 한다. 아프리카 사람들이 굶주리고 있기 때문에 불쌍해서 도와주어야 한다는 식의 접근에만 머물지 말고, 인류의 기원은 아프리카이고, 이들이 전 세계 각지로 이동하여 오늘의 우리가 탄생하였다는 관점이 바람직하다. 한중일 3국의 관계는 갈등과 전쟁의 역사로만 얼룩진 것이 아니라 생활문화의 교류와 전파 속에서 일정하게 공유된 역사가 있음을 확인할 필요가 있다. 동아시아 각국은 서로가 각자의 삶을 윤택하게 하는 데 기여한 바가 있으며, 이를 매개로 하면서 관용과 상생의 길을 모색한다.

무엇보다도 편견의 극복은 동반자 관계의 형성이 가능해지도록 한다. 오늘날과 같이 글로벌 상호의존성이 심화되고 있는 상황에서는 더욱 절실한 과제가 되고 있다. 특히, 최근 자연재해의 글로벌화 추세는 인류 공동의 대응을 더 이상 미룰 수 없도록 하고 있다. 인류가 공멸할 수 있는 상황에서 국가 간의 편견이 자리할 곳은 매우 협소하다. 요컨대, 인류 사회의 유지 존속을 위해서 특정 국가에 대한 편견이 극복되어야 할 처지다. 다만 중요한 점은 이러한 편견의 극복 과정이 순탄하지 않다는 것이다. 지혜로운 접근이 요청되고 있다. 특히 교육내용의 범주화에서 합리성이 관철되어야 할 것이다. 학습자의 직접적인 생활 무대를 중심으로 하면서 공간 스케일의 국면이 교육내용으로 다루어져야 할 것이다. 즉, 자국과 타국 사이의 이분법 구도가 아니라, 한반도를 중심으로 할 때, 상호의존의 내용 구성은 동아시아 구도와 글로벌 구도 등이 밀접하게 결합되는 양상이어야 할 것이다. 요컨대, 국가에 대한 편견 극복의 논리는 공간 스케일의 측면에서 섬세하게 짜여진 교육내용의 구성을 통해서 그 효과를 극대화할 수 있을 것이다.*

---

* 2011년 『새교육』, 3월호, 4월호, 7월호에 발표한 글을 수정·보완함.

참고문헌

고경호, 2008, 「일본인이지만 日 독도 영유권 주장 부당」, 『대전일보』. 8월 20일
　　자 기사)

교육과학기술부, 2008, 『초등학교 교육과정 해설(Ⅲ): 도덕 · 국어 · 사회』, 한솔사.

교육과학기술부, 2008, 『초등학교 교육과정 해설(Ⅲ): 사회』.

교육과학기술부, 2011a, 『사회 6-1』, 두산동아(주).

교육과학기술부, 2011b, 『사회 6-2』, 두산동아(주).

교육과학기술부, 2012, 『고등학교 사회 교육과정』.

교육부, 1997, 『사회 6-2』, 국정교과서주식회사.

교육인적자원부, 2002a, 『사회 5-1』, 대한교과서주식회사.

교육인적자원부, 2002b, 『사회 5-2』, 대한교과서주식회사.

교육인적자원부, 2002c, 『사회 6-2』, 대한교과서주식회사.

교육인적자원부, 2007, 『개정 사회과교육과정』.

구정화 · 박윤경 · 설규주, 2009 , 『다문화교육 이해』, 동문사.

구현정 · 서은아, 2008, 『이민자를 위한 한국사회 이해』, 정인출판사.

권오정 외, 1986, 『사회과교육(Ⅰ)』, 한국방송통신대학출판부.

권오정, 1986, 『국제화시대의 인간형성』, 배영사.

권효숙, 2006, 『문화 간 적응교육』, 한국학술정보(주).

김도형, 2011, 「도쿄 교원노조 독도 일본영토라 말할 수 없다」, 『한겨레신문』. 10
　　월 28일자 기사.

김용신, 2009, 「한국 글로벌교육 연구전통의 이해와 변화」, 『글로벌교육연구』,
　　창간호, pp. 43-61.

김용신, 2011, 『글로벌 다문화교육의 이해』, 이담북스.

김윤환, 2008, 『동남아문화 산책』, 창비.

남호엽 외, 2010, 『글로벌 시대의 다문화교육』, 사회평론.

남호엽, 2004, 「시민성의 공간과 정체성 교육의 논리」, 『지리과교육』, 제6호,

pp. 135-146.

남호엽, 2009, 「다문화가정 학생을 위한 사회과 학습지도의 원리」, 초등교원양성대학 다문화가정 학생 멘토링 매뉴얼 연구 개발팀, 『다문화가정학생 멘토링 매뉴얼』, 도서출판 레인보우북스, pp. 105-115.

남호엽, 2013, 「문제해결과정으로 본 글로벌학습」, 『사회과교육연구』, 제20권 1호, pp. 13-29.

류제헌, 2008, 『한국문화지리』, 살림.

문교부, 1984, 『사회 6-1』, 국정교과서주식회사.

문교부, 1990, 『사회 6-2』, 국정교과서주식회사.

박노자, 2010, 『거꾸로 보는 고대사』, 한겨레출판.

박선미, 2011, 「다문화교육의 비판적 관점이 지리교육에 주는 함의」, 『한국지리환경교육학회지』, 제19권 제2호, pp. 209-224.

배명숙, 2004, 「CCAP를 통한 국제이해교육 수업 모형」, 유네스코 아시아 태평양 국제이해교육원, 『함께 배우고 나누는 교실(2): 아태지역의 국제이해교육 수업모형』, pp. 135-155.

서울교육대학교 다문화교육연구원, 2009, 『교육과학기술부 다문화가정학생 교육지원사업 워크샵 자료집』.

손병노, 1996, 「미국의 지구촌교육 운동」, 춘천교육대학교 인문사회연구소, 『인문사회연구』, 창간호, pp. 234-268.

심정보, 2008, 「일본의 사회과에서 독도에 관한 영토교육의 현황」, 『한국지리환경교육학회지』, 16(3), pp. 179-200.

아시아 태평양 국제이해교육원 편, 2003, 『세계화시대의 국제이해교육』, 한울아카데미.

유네스코 아시아·태평양 국제이해교육원 편, 2009, 『다문화사회와 국제이해교육』, 동녘.

유네스코 한국위원회, 2010, 『유네스코 세계보고서: 문화다양성과 문화간 대화』.

이용숙 외, 2005, 『실행연구방법』, 학지사.

임석회·홍현옥, 2006, 「창의적 재량 활동을 통한 국제이해교육 현장연구」, 『한국지리환경교육학회지』, 제14권 제3호, pp. 201-212.

임은진, 2011, 「장소에 기반한 자아정체성 교육」, 『한국지리환경교육학회지』, 제19권 제2호, pp. 225-239.

장미영 외, 2008, 『다문화사회 바로서기: 여성결혼이민자의 한국 적응 교육 프로그램 연구』, 글솟대.

전경수, 1994, 『문화의 이해』, 일신사.

조철기, 2007, 「인간주의 장소정체성 교육의 한계와 급진적 전환 모색」, 『한국지리환경교육학회지』, 15(1), pp. 51-64.

주강현, 2006, 『강치야 독도야 동해바다야』, 한겨레아이들.

진명숙, 2010, 「환경의 정치적 상징: 일본 유스하라정의 FSC 산림인증을 중심으로」, 『ECO』, 14권 2호, pp. 87-118.

차명호 외, 2012, 『2011 통합 '사회' 교육과정 시안 개발 연구』, 교육과학기술부.

최의창, 1998, 「학교교육의 개선, 교사 연구자 그리고 현장 개선 연구」, 이용숙 · 김영천 편, 『교육에서의 질적 연구: 방법과 적용』, 교육과학사.

한겨레신문, 2009, 「아마존을 구하라」, 1월 28일자 기사.

한경구, 2008, 「다문화사회란 무엇인가」, 유네스코 아시아태평양 국제이해교육원 편, 『다문화사회의 이해』, 동녘, pp. 86-134.

한국생활사박물관 편찬위원회, 2001, 『신라생활관』, 사계절.

한국이주민재단, 2008, 『한국사회의 이해(사회통합프로그램 이수제 다문화사회 전문가 2급 교재)』.

허영식, 2000, 『지구촌 시대의 시민교육』, 학문사.

구라치 아케미, HIRO연구회 역, 2010, 『함께하는 다문화교육』, 도서출판 문.

姜尙中 · 吉見俊哉, 2001, 『グローバル化の遠近法』, 岩波書店, 임성모 · 김경원 역, 2004, 『세계화의 원근법』, 이산.

金鍾成, 2012, 「地域から世界を発見するグローバル学習の構想」, 『글로벌교육연구』, 제4집 1호, pp. 101-116.

山崎孝史, 2005, 「글로벌 스케일 또는 로컬 스케일과 정치」, 水內俊雄 편, 『空間の政治地理』, 朝倉書店, 심정보 역, 2010, 『공간의 정치지리』, 푸른길, pp. 48-74.

杉村美紀, 2010, 「아시아 고등교육의 트랜스내셔널 네트워크」, 최원식 외 편, 『교차하는 텍스트, 동아시아』, 창비, pp. 200-221.

西川長夫, 2001, 『國境の越え方』, 平凡社, 한경구 · 이목 역, 2006, 『국경을 넘는 방법』, 일조각.

아야베 쓰네오 편, 이종원 역, 1987, 『문화를 보는 열다섯 이론』, 인간사랑.

若林幹夫, 1995, 『地圖の想像力』, 정선택 역, 2006, 『지도의 상상력』, 산처럼.

Allen, R. F., 1996, The Engle-Ochoa decision making model for citizenship education, in Evans, R. W. & Saxe, D. W. (Ed.), 1996, *Handbook On Teaching Social Issues*, NCSS Bulletin 93, pp. 51-58.

Anderson, B., 1991, *Imagined Communities: Reflections on the Origin and Spread of Nationalism*, 윤형숙 역, 2004, 『상상의 공동체: 민족주의의

기원과 전파에 대한 성찰』, 나남.

Appadurai, A., 1996, *Modernity at Large: Cultural Dimension of Globalization*, University of Minnesota Press.

Banks, J. A. et al., 2005, *Democracy and Diversity: Principles and Concepts for Educating Citizens in a Global Age*, The Center for Multicultural Education at the University of Washington.

Banks, J. A., 2004a, Introduction, in Banks, J. A. & Banks, C. M. A. (Eds.), 2004, *Handbook of Research on Multicultural Education*, John Wiley & Sons, Inc, pp. i-x iv.

Banks, J. A., 2004b, Multicultural education: historical development, dimension, and practice, in Banks, J. A. & Banks, C. M. A. (Eds.), 2004, *Handbook of Research on Multicultural Education*, John Wiley & Sons, Inc, pp. 3-29.

Banks, J. A., 2007, Approach to multicultural curriculum reform, in Banks, J. A. & Banks, C. M. A. (Eds.), 2007, *Multicultural Education: Issues and Perspectives*(6th ed), John Wiley & Sons, Inc, pp. 247-269.

Banks, J. A., 2007, *An Introduction to Multicultural Education*(4th ed), Allyn & Bacon, 모경환 외 공역, 2008, 『다문화교육 입문』, 아카데미프레스.

Banks, J. A., with Clegg, A. A., 1977, *Teaching Strategies for the Social Studies: Inquiring, Valuing and Decision-Making*, Addison-Wesley Publishing Company.

Bekerman, Z. & Kopelowitz, E. (Ed.), 2008, *Cultural Education-Cultural Sustainability*, Routledge.

Bennett, Christine I., 2007, *Multicultural Education: Theory and Practice*, 김옥순 외 공역, 2009, 『다문화교육: 이론과 실제』, 학지사.

Castree, N., 2003, Place: connections and boundaries in an interdependent world, in Holloway, S. L. et al. (Ed.), *Key Concepts in Geography*, Sage, pp. 165-185.

Cosgrove, D. E., 1984, *Social Formation and Symbolic Landscape*, Barnes & Noble Books.

Crang, M., 1998, *Cultural Geography*, Routledge.

Cresswell, T., 2004, *Place: A Short Introduction*, Blackwell, 심승희 역, 2012, 『장소』, 시그마프레스.

de Blij, H. J. & Muller, P. O., 2007, *The World Today: Concepts and Regions in Geography*(3rd ed.), John Wiley & Sons, Inc, 기근도 외 역, 2009, 『개념과 지역 중심으로 풀어 쓴 세계지리』, 시그마프레스.

Defarges, P. M., 1994, *Inroduction à la Géopolitique*, Éditions du Seuil, 이대희 · 최연구 역, 1997, 『지정학 입문: 공간과 권력의 정치학』, 새물결.

Dewey, J., 1910, *How We Think*, D.C. Heath and Company, 정회욱 역, 2011, 『하우 위 싱크』, 학이시습.

Dijkink, G., 1996, *National Identity and Geopolitical Vision*, Routledge.

Evans, R. W. & Saxe, D. W. (Ed.), 1996, *Handbook On Teaching Social Issues*, NCSS Bulletin 93.

Evans, R. W., Newmann, F. & Saxe, D. W., 1996, Defining issues-centered education, in Evans, R. W. & Saxe, D. W. (Ed.), *Handbook On Teaching Social Issues*, NCSS Bulletin 93, pp. 2-5.

Fisher, S. & Hicks, D., 1985, *World Studies 8-13: A Teacher's Handbook*, Oliver and Boyd.

Flint, C., 2006, *Introduction to Geopolitics*, Routledge, 한국지정학연구회 역, 2007, 『지정학이란 무엇인가』, 도서출판 길.

Garbarino, M. S., 1977, *Sociocultural Theory in Anthropology: A Short History*, Holt, Rinehart and Winston, 한경구 · 임봉길 역, 1994, 『문화인류학의 역사』, 일조각.

Geography Education Standards Project(1994). *Geography for Life*. National Geographic Research & Exploration.

Gerber, R. & Williams, M. (Eds.), 2002, *Geography, Culture and Education*, Kluwer Academic Publishers.

Gerzon, M., 2010, *Global Citizens*, 김영규 역, 2010, 『당신은 세계시민인가』, 에이지21.

Gollnick, D. M. & Chinn, P. C., 2009, *Multicultural Education in a Pluralistic Society*, Pearson.

Hanna, P. R., 1963, Revising the social studies: what is needed?, *Social Education*, 27, pp. 190-196.

Harvey, D., 1990, *The Condition of Postmodernity*, 구동회 · 박영민 역, 1994, 『포스트모더니티의 조건』, 한울.

Held, D., McGrew, A., Goldblatt, D., & Perraton, J., 1999, *Global Transformations*, Blackwell Publisher, 조효제 역, 2002, 『전지구적 전환』, 창비.

Herod, A., 2003, Scale: the local and the global, in Holloway, S. L., Rice,

S. P. and G. Vallentine (Ed.), *Key Concepts in Geography*, Sage, pp. 229-247.

Hicks, D., 2007, Chapter 2 Principles and precedents, in Hicks, D. & Holden, C. (Ed.), *Teaching the Global Dimension*, Routledge.

Hill, A. D. & Natoli, S. J., 1996, Issues-centered approaches to teaching geography courses, in Evans, R. W. & Saxe, D. W. (Ed.), 1996, *Handbook On Teaching Social Issues*, NCSS Bulletin 93, pp. 167-176.

Hubbard, P., 2007, Space/Place, in Atkinson, D. et al. (Ed.), *Cultural Geography: A Critical Dictionary of Key Concepts*, I. B. Tauris, pp. 41-48.

Janks, H. (Ed.), 1993, *Critical Language Awareness Series*, Hodder and Stoughton and Wits University Press.

Janks, H., 2000, Domination, access, diversity and design: a synthesis for critical literacy education, *Educational Review*, 52(2), pp. 175-186.

Johnson, A. P., 2005, *A Short Guide to Action Research*, Pearson Education.

Johnston, R. J., 1995, Territoriality and the state, in Benko, G. B. & Strohmayer, U. (Eds.), *Geography, History and Social Science*, Kluwer Academic Publishers, pp. 213-225.

Jones, K., 1998, Scale as epistemology, *Political Geography*, 17, pp. 25-28.

Jordan, T. E. & Rowntree, L., 1986, *The Human Mosaic: A Thematic Introduction to Cultural Geography*, Harper & Row.

Kemmis, S. & McTaggart, R., 1988, *The Action Research Planner*, Deakin University Press.

Kim, H., 2001, The utilisation of the cross-cultural awareness programme for the cultivation of global understanding and local cultural identity in Korea, with particular reference to Koje Island, *International Education Journal*, 2(5), pp. 9-15.

Kotthoff, H. & Spencer-Oatey, H. (Ed.), 2007, *Handbook of Intercultural Communication*. Walter de Gruyter GmbH & Co.

Levy, J., 1995, The spatial and the political: close encounters, in Benko, G. B. & Stromayer, U. (Ed.), *Geography, History and Social Science*,

Kluwer Academic Publishers, pp. 227-242.

Mackinder, H. J., 1942, *Democratic Ideals and Reality*, Henry Holt and Company.

Marston, S. A., 2000, The social construction of scale, *Progress in Human Geography*, 24(2), pp. 219-242.

Massey, D. & Jess, P., 1995, Places and cultures in an uneven world, in Massey, D. & Jess, D. (Eds.), *A Place in the World? Places, Cultures and Globalization,* The Open University Press, pp. 215-239.

Massey, D., 1994, *Space, Place and Gender*, University of Minnesota Press.

Massialas, B. G., 1996, Criteria for issues-centered content selection, in Evans, R. W. & Saxe, D. W. (Ed.), 1996, *Handbook On Teaching Social Issues*, NCSS Bulletin 93, pp. 44-50.

Merryfield, M. M. & White, C. S., 1996, Issues-centered global education, in Evans, R. W. & Saxe, D. W. (Ed.), 1996, *Handbook On Teaching Social Issues*, NCSS Bulletin 93, pp. 177-185.

NCSS, 1994, *Expectations of Excellence: Curriculum Standards for Social Studies*, NCSS Publications.

Norton, W., 1989, *Explorations in the Understanding of Landscape: A Cultural Geography*, Greenwood Press, 이전 · 최영준 역, 1994, 『문화지리학원론』, 법문사.

Ochoa-Becker, A. S.,1996, Building a rationale for issues-centered education, in Evans, R. W. & Saxe, D. W. (Ed.), 1996, *Handbook On Teaching Social Issues*, NCSS Bulletin 93, pp. 6-13.

Onosko, J. J. & Swenson, L., 1996, Designing issue-based unit plans, in Evans, R. W. & Saxe, D. W. (Ed.), 1996, *Handbook On Teaching Social Issues*, NCSS Bulletin 93, pp. 89-97.

Oxfam, 2006, *Education for Global Citizenship: A Guide for Schools*, Oxfam GB.

Paasi, A., 1999, Boundaries as social process: territoriality in the world of flows, in Newman, F. (Eds.), *Boundaries, Territory and Postmodernity*, Frank Cass, pp. 69-88.

Pahl, K. & Rowsell, J., 2005, *Literacy and Education*, Paul Chapman Publishing.

Parker, W. C., 2009, *Social Studies in Elementary Education*, Allyn & Bacon.

Pike, G. & Selby, D., 2000, *In the Global Classroom, 2 vols*, Pippin Press.

Pratt, M. L., 1991, Arts of the contact zone. *Profession '91.*, pp. 33-40.

Raus, R. L. & Remy, R. C., 1978, *Citizenship Decision-Making: Skill Activities and Materials, Reading*, Addison-Wesley Publishing Company.

Sack, R. D., 1986, *Human Territoriality: Its Theory and History*, Cambridge University Press.

Sauer, C. O., 1925, The morphology of landscape, in *Land and Life*, University of California Press.

Sewell, A. M., Fuller, S., Murphy, R. C. & Funnel, B. H., 2002, Creative problem solving: A means to authentic and purposeful social studies, *The Social Studies*, July/August, pp. 176-179.

Shor, I., 1999, Introduction, in Shor, I., & Pari, C. (Ed.), *Critical Literacy in Action*, Heinemann Press.

Stoltman, J. & DeChano, L., 2002, Political geography, geographical education, and citizenship, Gerber, R. & Williams, M. (Eds.), *Geography, Culture and Education*, Kluwer Academic Publishers, pp. 127-144.

Tiedt, P. L. & Tiedt, I. M., 2005, *Multicultural Teaching: A Handbook of Activities, Information, and Resources*, Pearson.

Washbourne, N., 2005, Globalization/Globality, in Atkinson, D., Jackson, P., Sibley, D. and N. Washbourne. (Ed.), *Cultural Geography: A Critical Dictionary of Key Concepts*, I. B. Tauris, 박배균 역, 2011, 「글로벌화/글로벌리티」, 이영민 외 공역, 『현대문화지리학: 주요개념의 비판적 이해』, 논형, pp. 298-311.

찾아보기

저자 소개

남호엽(Nam Hoyeop)

한국교원대학교 시간강사
경인교육대학교 교수
현 서울교육대학교 사회과교육과 교수
  서울교육대학교 교육전문대학원 국제사회문화교육전공 교수

주요 저 · 역서
사회과 교수 · 학습론(공역, 2001, 교육과학사)
사회과교육 입문(2008, 교육과학사)
글로벌시대의 다문화교육(공저, 2010, 사회평론)
글로벌시대의 지역교육론(2013, 한국학술정보)
다문화교육 용어사전(공저, 2014, 교육과학사)

주요 논문
오키나와 지역사 교과서에서 동아시아의 표상방식(2013, 『한국지리환경교육학회지』)
기억의 장소와 평화교육의 쟁점: 오키나와 지역을 사례로(2015, 『역사교육논집』)
社会科アクションリサーチにおける授業省察の意味の類型(2015, 『社会科教育論叢』)
일본 소학교 사회과 교과서의 단원 구성 방식 비교(2016, 『사회과교육연구』) 외 다수

글로벌 교육의 내용과 방법
Content and Method of Global Studies Education

2016년 8월 20일 1판 1쇄 인쇄
2016년 8월 30일 1판 1쇄 발행

지은이 • 남호엽
펴낸이 • 김진환
펴낸곳 • ㈜ 학지사

04031 서울특별시 마포구 양화로 15길 20 마인드월드빌딩
대표전화 • 02)330-5114   팩스 • 02)324-2345
등록번호 • 제313-2006-000265호

홈페이지 • http://www.hakjisa.co.kr
페이스북 • https://www.facebook.com/hakjisabook

ISBN 978-89-997-1035-3 93370

정가 14,000원

저자와의 협약으로 인지는 생략합니다.
파본은 구입처에서 교환해 드립니다.

이 책을 무단으로 전재하거나 복제할 경우 저작권법에 따라 처벌을 받게 됩니다.

이 도서의 국립중앙도서관 출판시도서목록(CIP)은 서지정보유통지
원시스템 홈페이지(http://seoji.nl.go.kr)와 국가자료공동목록시스템
(http://www.nl.go.kr/kolisnet)에서 이용하실 수 있습니다.
(CIP제어번호: CIP2016017047)

교육문화출판미디어그룹 학지사

심리검사연구소 인싸이트 www.inpsyt.co.kr
원격교육연수원 카운피아 www.counpia.com
학술논문서비스 뉴논문 www.newnonmun.com